W0306922

Geçmişten Günümüze Gönülleri Aydınlatan

MEVLÂNÂ'DAN HİKÂYELER

Abdüllatif Erdoğan

akis kitap

© AKİS KİTAP Tüm yayın hakları yayınevine aittir. Kaynak gösterilerek tanıtım ve iktibas yapılabilir. Çoğaltılamaz, basılamaz, senaryolaştırılamaz ve farklı biçimlerde hazırlanıp satışa sunulamaz. Elektronik ortamlarda yayınlanamaz.

Geçmişten Günümüze Gönülleri Aydınlatan

MEVLÂNÂ'DAN HİKÂYELER

Abdüllatif Erdoğan

Yayın Yönetmeni : Bilal Özbay

Editör : Zeynep Özkan

Kapak Tasarım : Gökhan Koç

İç Tasarım : Yeliz Yıldız

Baskı-Cilt : Bayrak Matbaası
Davutpaşa Cad. No: 14
Kat: 2 Topkapı / İstanbul
Tel.: (0212) 493 11 06

Genel Yapım : Endülüjans İçerik Hizmetleri

6. Baskı : Ekim 2009 İstanbul

ISBN : 978-9944-257-53-4

Geçmişten Günümüze Gönülleri Aydınlatan

MEVLÂNÂ'DAN HİKÂYELER

akis kitap

Abdüllatif Erdoğan

Eğitim Planlama, Organizasyon ve Yönetim Danışmanı Abdüllatif Erdoğan, 1970 yılında Konya'da doğdu. Öğrenimini Konya'da tamamladı. İşletmecilik, iletişimcilik ve yöneticilik eğitimleriyle donandı.

Ülkemizin önde gelen işletmelerinde uzun yıllar eğitim ve satış danışmanlığı yöneticiliğinde bulunarak teorik bilgilerini uygulama sahasına taşıdı. İletişim, kişisel gelişim, müşteri ilişkileri yönetimi, mağazacılık ve insan kaynakları alanlarında birçok konferans, seminer ve eğitim çalışmalarına katıldı.

Genç Gelişim dergisinde editörlük görevi ve aylık yazılarıyla iş yöneticilerine yönelik çalışmalar yapmaktadır. Basılmış altı kitabı (Mesnevi Bahçesi [Nükte Kitabevi, 2. Baskı, Aralık-2003], İç'te ve İş'te Başarı ve Mutluluk Yolları [Armoni Yayınları, 1. Baskı, Nisan-2005], Mevlana'dan Hikayeler, [Ares Kitap, 1. Baskı, Aralık-2005] İçsel Güçlerle Başarılı ve Mutlu Yaşamak [Ares Kitap, 1. Baskı, Mayıs-2006], Mevlana Sözlüğü [Lamure, 1. Baskı, Kasım-2006], İş Hayatında Başarı [Akis Kitap, 1. Baskı, Şubat-2007] bulunmaktadır.

Yurt içi ve yurt dışında olmak üzere perakende ve hizmet sektörüne yönelik eğitim ve yönetim danışmanlık faaliyetlerini yürütüyor.

İÇİNDEKİLER

Sunuş

Mevlânâ, kültürümüzün hamurunu toplumunu iyi tanıması, içinde bulunduğu yapıyı güzel yoğurmasıyla "değer oluşturan mümtaz şahsiyet!"

Elinizdeki eser Mevlânâ'nın başyapıtı Mesnevi merkez alınarak hazırlandı. Mesnevi, Mevlânâ'nın en meşhur, önemli ve değerli eseri. Mesnevi, klasik doğu edebiyatında bir şiir tarzının adı. Mesnevi'nin vezni; Fa i lâ tün - Fa i lâ tün - Fa i lün şeklindedir. Mesnevi, altı cilt olarak Fars dilinde yazılmış, 25618 beyitten oluşmuştur.

Mevlânâ Mesnevi'sinin kendine has bir yapısı ve kurgusu vardır. Hikâye içinde hikâyelerle hayata dair çok mevzuları ibretlik anlatımla sunar Mevlânâ.

* * *

Mevlânâ, çağının insanını, hayatı, olayları, toplumları büyük bir derinlik, incelik, feraset, anlayış ve kavrayışla zevk ve estetiği etkin dil kullanımıyla harmanlayarak eseriyle çok özel bir eser oluşturmuştur. Bakışlarındaki mana zerafetinin hayatın işine işlenişi o kadar yalın, sade ve güzeldir ki; yüzyıllar sonra bile bugün o günlerde işlenmiş konuların günümüz toplumlarına ait farklılık kazanacak zenginlik sunduğu aşikardır.

* * *

Mesnevi'den Hikâyeler eserimizle, Mevlânâ'nın Mesnevi eserinin içinde bulunan birçok hikâyenin Mevlânâ'ya has güzel anlatımı sonrasında hikâyeden çıkarılan derslerle çok etkileyici özelliğini taşımasının paylaşımını amaçladık. Böyle bir güzellik paylaşılmalıydı. Ezop'tan Masallar'ın kaynaklarında bile bizim zengin kültürümüzün kullanıldığını görmekle mutluyduk ancak kendi kültürümüzü yeterince anlatamamışlığın verdiği bir kederle böyle bir çalışmaya heyecan duyduk.

* * *

Mevlânâ'nın incitmeden, kırmadan, yıkmadan, yakmadan tatlı ve zarif bir anlatım üslubuyla insanı makamdan makama geçirmesi ve hayatın farklı bir penceresinden bakmayı öğretmesi ayrı bir 'eğitim güzelliği' olarak algılanmalıdır.

Birbirinden ilginç hikâyenin hayatın içine dokunuşunu resmeden bu çalışmanın 'kültür hayatımıza katkısı' olacağı inancındayız.

Hikâyeler hayattan kopuk değil. Hayatın içinden değerler taşıyor. Hep bir şekilde yaşanılan olayların resmi, belki.. Okurken mutlaka kendimizden de bir şeyler bulacağımız hikâyeler de kimi zaman ruhumuz ve yüreğimiz göz yaşı dökecek, kimi zaman teskin olacak..

* * *

Gönül iklimini çok güzel dokumuş gönül eri Mevlânâ'ya ait bu hikâyeler, 'hayatımıza farklı bir bakış' kazandıracak!

Mesnevi'den Hikâyeler, 'gönle düşen cemre' olup içimizde 'baharlar' açtıracak!

Bu baharlar 'hayatın yorumlanışı ve yaşanılışı'na katkı sağlayacak!

Her hikâyenin birbirinden farklı konusu ve konuğu var. Hepsinin ayrı bir hikmeti ve güzelliği var. Bütün sunuşların da ayrı tadı, lezzeti var.

Gönül pencerenizle Mesnevi'yi ve Mevlânâ'yı paylaşmaktan onur duyuyoruz, efendim!

Saygılarımızla..

Abdüllatif ERDOĞAN

İ

Yılancının Donmuş Bir Ejderhayı Ölü Sanarak İple Bağlayıp Bağdat'a Getirmesi

Adamın (yılancının) biri geçimini sağlamak için yılan arar, bulduğu yılanı halka göstererek para kazanırdı.

Yine bir kış günü, kar-kış demeden dağdan dağa dolaşmakta seyirlik iri bir yılan arayıp durmaktaydı.

Derken bir dağda ölmüş iri bir yılan gördü. Bu yılanın ölmüş şekli bile yılancının içini korkuyla dolduruyordu.

Yılancı, o şiddetli kış mevsiminde yılan ararken bu koskoca ejderhayı bulmuştu.

Aslında insanoğlu kendini, değerini bilemedi. Allah onu yaratıkların şereflisi olarak yarattı. Dağ da, yılan da bu yüzden ona hayranken o, hayranlık duyacak basit, değersiz şeyler arar.

Her neyse, yılancı, halkı hayrete düşürmek için o ejderhayı tutup Bağdat'a getirdi.

Birkaç para elde etmek için o çadır direği gibi ejderhayı çekip sürükledi. Halka,

"Ölü bir ejderha getirdim. Avlamak için ne zahmetler çektim." diye övünüyordu.

O, ejderhayı ölü sanıyordu. Fakat iyi dikkat etmemişti; ejderha diriydi.

Kıştan, soğuktan donmuştu. Diriydi ama ölü gibi görünüyordu.

Yılancı yılanı nehir kıyısına koydu. Bağdat şehrinde bir gürültüdür, koptu.

"Bir yılancı ejderha getirmiş, acayip görülmemiş, mefret (kocaman, muazzam, büyük) bir şey. Nasıl da avlamış?" diye hayretlerini dile getirdiler.

Yüz binlerce ahmak adam toplandı. Ahmaklıklarından onlar da yılancı gibi yılana avlandılar.

Onlar, yılanı görmek için bekleşiyorlardı. Yılancı da halk iyice toplansın, kalabalık artsın da elime çok para geçsin, diye düşünüyordu.

Kalabalık o kadar çoğaldı ki adım atacak yer kalmadı. Erkek kadına karıştı.

Yılancı yılanın üstündeki kilimi kımıldattıkça halk, parmaklarının ucuna basıp boyunlarını uzatıyordu.

Ejderha ise, zemheriden donmuştu. Bir yığın kilimin altındaydı. Yılancı ihtiyatı elden bırakmamış, onu kalın iplerle bağlamıştı. Fakat halkın toplanmasını beklerken epeyce bir zaman geçmiş, Irak Güneşi yılanın üstüne vurmuştu.

Güneş epeyce ısıtınca vücudundaki don çözülmüştü. Bu müddet zarfında ölü bir halde bulunan ejderha dirildi, kımıldamağa başladı. Ölü yılanın kımıldadığını görünce halkın hayreti bir iken yüz bin oldu. Şaşkınlıklarından naralar atarak hep birden kaçışmağa koyuldular.

Halkın gürültüsünden de ürken ejderha iplerini çatır çatır koparıp kilimlerin altından çıktı.

Kaçışan halk birbirini çiğnedi, meydan yüzlerce cesetle doldu. Yılancı korkusundan yerinde katılıp kaldı.

Ejderha da o ahmağı bir lokmada yutuverdi. Sonra bir direğe sarılıp kendisini sıktı, karnındaki herifin kemiklerini çatır çatır kırıp öldürdü.

İnsanın nefsi de bir ejderhadır. Onu ayrılık karları altında tut ki donsun, canlanmasın. İhtiyatı elden bırakır da şehvet güneşiyle ısıtırsan seni de yutar, senin selametini de... Ejderhayı Musa (a.s.) öldürür. Onun için Musa (a.s.) ahlaklı ol.

İ

Bir Muallimin Hikâyesi

Bir mektebin öğrencileri hocalarından bıkmışlar, çalışıp çabalamadan usanmışlardı. Ne yapıp ederek bir iş becermek, bu sûretle de muallimi derde düşürmek için birbirleriyle görüşüp danıştılar.

"Hoca hiç hastalanmıyor ki birkaç günceğiz olsun mektebe gelmesin de rahat kalalım. Bu hapisten, darlıktan, çalışıp çabalamaktan kurtulalım. Adam, mermer kaya gibi yerinde duruyor" dediler.

İçlerinden en zekileri bir tedbir düşünerek şöyle bir öneride bulundu:

Ben, "Hocam nasılsın, neden böyle benzin sararmış? Hayrola rengin kaçmış, senin! Bu ya hava çarpmasından veya sıtmadandır." derim. Hoca elbette bu sözden biraz olsun vehme düşer. Sizler de bu çeşit sözlerle bana yardımcı olursunuz. Mektebin kapısından içeri girer girmez: "Hayrola hocam, bu halin ne?" dersiniz. Eğer otuz kişi hep aynı sözü peş peşe söylerse hocanın vehmi arttıkça artar ve iş olur, biter."

Talebelerin hepsi de,

"Aferin zeki çocuk, bahtın daima yaver olsun, Allah sana yardım etsin." dediler.

Birleşip hiç kimsenin bu kavilden, bu karardan dönmeyeceğine dair kuvvetlice ahdettiler. Sonra o zeki çocuk içlerinden kimsenin bunu söylememesi için hepsine yemin ettirdi.

Ertesi gün oldu. Çocuklar bu düşünceyle mektebe geldiler. Hepsi de dışarıda bu fikri ortaya atan zeki çocuğu bekliyorlardı. Çünkü bu tedbirin kaynağı oydu. 'Baş, daima ayağın reisidir, ayağı çekip götüren baştır.'

Çocuk geldi, hocaya selam verip:

"Hocam, hayrola, benzin sararmış." dedi. Hoca:

"Hasta filan değilim, saçmalama. Geç yerine otur" dedi.

Dedi ama hatırına da bir vehim tozudur kondu, az bile olsa gönlüne bir endişedir, düştü. Derken öbür çocuk içeri girdi. O da öyle söyleyince vehmi arttıkça arttı. Her çocuk anı şeyi söyleyince kendisi de hasta olduğuna hükmetti.

Hoca vehimden, korkudan hastalandı. Yerinden sıçrayıp kalktı, kilimi başına örttü.

"Zaten bana sevgisi az, ben böyle olduğum halde halimi sormadı, bile. Bana hasta olduğumu, rengimin solduğunu haber vermedi. Bana kastediyor, benden kurtulmaya çalışıyor."diye karısına kızarak evine geldi ve kapıyı hışımla açtı. Çocuklarda ardından geliyorlardı. Karısı:

"Hayrola, erken geldin. Allah esirgesin, başına kötü bir şey gelmesin de!" dedi. Hoca karısına şöyle çıkıştı:

"Kör müsün sen? Bir benzime, bir halime baksana. Yabancılar bile derdimle dertlenirken sen evimin içinde bana düşmanlığından, bana karşı münafıklık edip yanıp yakıldığımı görmüyor musun?"

Karısı:

"A hocam, senin bir şeyin yok. Bu endişeden, vehimden ibaret." dediyse de laf anlatamadı. Ayna getirmek istediyse de hoca:

"Git, aynan da batsın, sen de bat. Zaten daima bana buğz etmede, daima bana kin gütmede, benimle inatlaşmadasın. Yatağı yay, yorganı getir. Ben yatayım, hele başım ağırlaştı." dedi. Kadın biraz duraklayınca da:

"Hadi behey düşman, senin layığın bu laf, durmasana!" diye bağırdı.

Çocuklar yatağın yanında derslerine devam ediyorlardı. Yaptıkları oyunun kendilerini dersten kurtarmadığına hayıflanıyorlardı. O zeki çocuk:

"Arkadaşlar, dersinizi bağıra bağıra okuyun." dedi. Hepsi birden okumaya başlayınca da:

"Çocuklar, bizim bağırmamız hocaya fena gelir. Bu gürültü hocanın baş ağrısını fazlalaştırır. Bu dert, bir kuruşa değer mi?" dedi.

Hoca ise inleyerek yattığı yerden:

"Doğru söylüyor, başımın ağrısı fazlalaştı, haydi gidin" dedi. Çocuklar da dersten kurtuldular. Ama anneleri okuldan kaçtıklarını zannettiler. Çocuklar hocalarının hasta olduğunu söyleyince de durumu yoklamak için gittiklerinde hocayı kan ter içinde hasta yatar buldular.

İnsan bir işe ciddiyetle koyuldu mu hastalığını göremez, körleşir. Birilerinin onu uyarması lazımdır.

i

Dekûki ve Kerametleri

Dekûki, iyi bir hale sahip, aşık ve keramet sahibi bir zattı.

Yeryüzünde gökteki ay gibi seyreder dururdu. Gece yolcularının gönülleri, onunla aydınlanır, nurlanırdı. Bir yerde az otururdu, bir köyde iki günden fazla kalmazdı.

"Bir evde, iki günden fazla oturursam kalbimde oranın sevgisi alevlenir. Eve barka mağrur olmaktan çekinir, 'haydi ey nefis, zenginleşmek, bir şey elde etmek için sefere düş' derim; imtihanda muvaffak olması için kalbimi hiçbir yere alıştırmam." derdi.

Gündüzleri yol yürür, sefer eder, geceleri ibadette bulunur, namaz kılardı. Halktan çekilmişti, fakat huyunun kötülüğünden değildi, bu. Halka şefkat gösterirdi, su gibi faydalıydı. Duası da Allah tarafından kabul edilirdi.

Dekûki, fetvada adeta halkın imamıydı, takvada tapunu meleklerden bile çelmişti. Buna rağmen yine de Allah'ın has kullarını arardı. Zaten seferden asıl maksadı da buydu. Yola düştü mü;

"Ya Rabbi, beni haslarından birisine ulaştır, ona arkadaş et." diye dua ederdi. Bu onun daha çok hakikat elde etme arzusundan ileri geliyordu. Bunun için durmadan geziyordu. Kendisi bir yolculuğunu şöyle anlatır:

"Bir gün sevgilinin nurlarını insanda görmeye iştiyakı arttı. Katrede Bahr-i Muhiti; zerrede güneşi görme arzusuna düştüm. Gide gide bir deniz kıyısına vardım. Vakit gecikmiş, akşam olmuştu. Ansızın sahilde yedi mum gördüm, onların bulunduğu yere doğru koşmaya başladım. Mumların nuru gökyüzüne kadar vurmuştu. Bense hayretlere dalmıştım. Çünkü bu mumları ben görüyordum, ama halk görmüyordu. 'Allah, doğru yolu dilediğine gösteriyor sahiden', diyordum. Bir de baktım, yedi mum ışığı gökyüzünü delen bir tek mum haline dönüştü.

O mumlar, ulu Rabbin nice nişaneleridir, diye koşa koşa gidiyordum. Birde baktım ki o yedi mum bir mum oldu. Sonra tekrar yedi mum haline geldi. O mumların birleşip ayrılmasını diller anlatamaz. Bu haller beni yordu, baygın bir şekilde yere serildim. Sonra tekrar kendime gelip yola düştüm. Birde baktım ki, yedi mum nurlu yedi adam olmuş. Yedi adam bu sefer yedi ağaç şekline girdi. Yapraklarının çokluğundan dalları, meyvelerinin çokluğundan da yaprakları görülmemekteydi. Olgunluktan yarılan meyvelerinden nurlar fışkırmaktaydı. Ancak şaşılacak şuydu ki oralarda yüzlerce adam geçmesine rağmen kimse bunları görmemekteydi.

Ben yine yürüdüm. Baktım ki yedi ağaç bir ağaç oluvermiş. Sonra bir ağaç yedi ağaç haline dönüştü, derken bir de ne göreyim, ağaçlar yedi adam olmuş, saf bağlayıp namaza durmuşlar. Ben varıp selam verdim. Beni tanıdılar ve imam olup kendilerine namaz kıldırmam için öne geçmemi istediler. Onlara sabah namazı kıldırmak için imam oldum."

Dekûki, onlara namaz kıldırırken "imdat!" sesleri duydu. Ansızın gözüne bir gemi ilişti. Gemi dalgalara düşmüş, belalara (fırtınaya) tutulmuş, perişan bir halde idi. Gemideki kâfir, mülhid hepsi imanâ gelmiş, Allah'a yalvarıyorlardı. Dekûki bu perişanlığı görünce göz yaşları dökerek, Cenab-ı Hakk'a bu kullarını kurtarması için niyaza başladı. Bu niyaz ve dua neticesinde gemi kurtuldu. Ama Dekûki'nin arkasında namaza duranlar, bu çeşit namaz kıldırmanın manâsını anlayamadılar da birbirleriyle fısıldaşmaya ve "Bu ne biçim namaz kıldırış böyle? Galiba imamımız üzerine lazım gelmeyen bir işe karıştı." demeye başladılar.

Dekûki namazı bitirip "arkamdakiler, ne diyor?" diye geriye dönünce arkasında kimseyi göremedi. Bulmuşken kaybetmenin üzüntüsünü yaşadı.

İnsan hayatı arayışlarla doludur. Bulmak için aramak gerekir.

İ

Dâvûd (a.s.) Zamanında Çalışmadan, Eziyet Çekmeden Helal Rızık Elde Etmek İsteyen Kişi ve Duasının Kabul Olması

Birisi Dâvûd (a.s.) zamanında her akıllı ve ahmak adamın yanında daima şöyle dua edip dururdu:

"Ya Rabbi, bana zahmetsiz, eziyetsiz bir rızık, bir servet ver. Ya Rabbi, senden zahmetsiz, eziyetsiz ve ummadığım bir rızık istiyorum. Zaten istemekten başka bir şeye çalıştığım yok ki!"

Halk onun bu sözlerine güler:

"Bu sersem ne söylüyor, yoksa birisi buna esrar mı yutturdu da aklını aldı." derlerdi. Birisi alaya alır, gülerek,

"Haydi yürü, rızkın ulaştı, müjdeci geldi." derken başka birisi, "Sana gelenden bize de hediye ver." diye dalga geçerdi.

Bir gün kuşluk vakti, adam dua edip dururken bir öküz koşup geldi, adamın kapısını boynuzlayıp evinin avlusuna daldı. Adam da sıçrayıp öküzü kesti ve derisini yüzdürmek için kasaba gitti. Öküzün sahibi durumu görüp:

"Ey karanlıkta benim öküzümü aşıran, neden benim öküzümü kestin? Nerede senin insafın?" diye çıkıştı. Adam ise;

"Ben, Allah'tan rızık istiyordum. Bunun için gece-gündüz dua ediyordum. İşte duam kabul oldu. Allah, bana bunu rızık olarak verdi." dediyse de öküzün sahibi hem adamı tokatladı, hem de onu çeke çeke Dâvûd (a.s.)' a götürüp davacı oldu.

Davada halk toplandı. Herkes öküz sahibinin tarafını tutuyordu.

Dâvûd (a.s.) iki tarafın davasını dinledi ve adamın (öküzü kesenin) haksızlığına karar verdi. Bunun üzerine adam secdeye kapanıp:

"Ey benim yanıp yakıldığımı gören Allah'ım! Dâvûd (a.s.)'un gönlüne de o nuru ver. Gönlüme saldığın ziyayı onun gönlüne de sal, ey ihsan sahibi Rabbim!" diye yakardı.

Onun bu niyazı Dâvûd (a.s.)'un gönlünü yerinden oynattı. Öküz sahibinden bir günlük müsaade istedi ve halvete girip duaya yöneldi. Allah da bu işin gerçek yüzünü ona bildirdi.

Ertesi gün dava için divan kurulduğunda Dâvûd (a.s.) öküz sahibine,

"Bu davayı bırak, öküzü bu müslümana helal et de git." teklifinde bulununca öküz sahibi de, davayı dinleyenler de bu kararı zulüm olarak gördüler. Dâvûd (a.s.) ise,

"A inatçı, bütün malını, mülkünü hemencecik ona bağışla. Yoksa bak, işin fena olur, yaptığın zulüm ortaya çıkar." diye ikaz etti. Öküzün sahibi buna da karşı çıktı ve kabul etmedi Dâvûd (a.s.) üçüncü defa,

"Ey bahtı körleşmiş adam, sen laf anlamaz mısın? Yürü, sen de çocukların da onun kölesidir, karın da! Artık fazla söylenip durma." dedi. Öküz sahibi Dâvûd (a.s.)'u kınayıcı sözler söylüyor, halkta onu tasdik ediyordu. Bunun üzerine Dâvûd (a.s.) halkı bir ovada, bir ağacın yanında toplayarak durumu şöyle açıkladı:

Öküz sahibi, dua eden adamın babasının kölesiydi. Karısı da aynı adamın cariyesiydi. Bu köle ve cariye birleşerek efendilerini bu ağacın altında kestiler. Onların kendisini keseceklerini anlayan adam, onlara para verdi, vaadde bulundu, yalvardı, ağladı. Ama dinlemediler. Adamı kestiler; vücudunu bir yere, başını da, üzerinde katilin adı yazılı bulunan bıçakla birlikte ağacın yanına gömdüler. Parasını ve malını gasp ettiler.

Dâvûd (a.s.)'un emriyle gösterilen yerler kazıldı. Öldürülenin cesedi, başı ve suç aleti bıçak bulundu. Aynı bıçakla katil öldürülüp kısas yapıldı.

Hak da bu şekilde yerini buldu.

Allah'ın hilmi müdarada bulunur. Fakat adam haddi aşınca iş değişir, sırlar meydana çıkar.

İ

Bir Adamın, Hz. Musa (a.s.)'dan Hayvanların, Kuşların Dillerini Öğrenmeyi İstemesi

Hz. Musa(a.s.)'ya bir delikanlı dedi ki:

"Hayvanların dillerini öğrenmek istiyorum. Bu sûretle kurdun, kuşun sözlerini duyayım da dinime ait işlerde ibret sahibi olayım."

Hz. Musa (a.s.)'da onu şöyle öğütledi.

"Hadi efendim, hadi... Vazgeç bu hevesten... Bunun önünde, sonunda pek çok tehlikesi var. İbret almayı, uyanmayı Allah'tan dile... kitaptan, sözden, harften, duraktan değil!"

Delikanlı, Hz. Musa (a.s.) menettikçe kızıştı, üstüne düştü. Zaten insan, bir şeyden men edildi mi, o şeye haris olur, büsbütün üstüne düşer. O da Hz. Musa(a.s.)'ya ricayı sıklaştırdı.

Cenab-ı Hak, Hz Musa (a.s.)'ya

"Ya Musa, öğret... çünkü biz, keremimizden hiç bir duayı asla reddetmeyiz." buyurdu. Hz. Musa ise,

"Ya Rabbi, sonra pişman olacak... kudret herkesin harcı değil, Allah'tan çekinen kimseye en iyi sermaye acizliktir." diye niyazda bulundu. Cenab-ı Hak onun dileğinin bir kısmını kabul etmesini buyurdu.

Hz. Musa (a.s.) delikanlıya tekrar öğüt verdi. Delikanlı bu kez:

"Bari hiç olmazsa kapı dibinde yatıp duran, ev bekçiliği yapan köpekle kümes hayvanlarının dillerini öğret." dedi. Hz. Musa'da:

"Hadi, peki ..bu ikisinin dillerini anlayacaksın, yürü git!" dedi.

Adam sabahleyin evin eşiğinde köpeği ve kümes hayvanlarını dinlemeye koyuldu. Hizmetçi kadın sofra örtüsünü silkelerken bir lokma bayat ekmek düştü. Horoz da hemencecik onu kaptı. Köpek dedi ki;

"Sen bize zulmettin. Sen buğday tanesi de yiyebilirsin. Halbuki ben daneleri yiyemem. Böyle olduğu halde bizim kısmetimiz olan şu bir parçacık ekmeği de kapıyorsun.

Bu söze karşı horoz da şöyle dedi:

"Merak etme! Allah sana buna karşılık başka şeyler verir. Bu ev sahibinin atı yarın sakatlanacak, sen de bol bol doyacaksın."

Adam bu sözü duyar duymaz, hemen atını sattı ve güya zarardan kurtuldu. Ama ertesi gün köpek ekmeği yine kapan horozu yalancılıkla suçladı.

Horoz da özürler dileyerek, atın yine sakatlandığını, ancak ev sahibinin onu satması sebebiyle başka yerde sakatlandığını söyleyerek ekledi:

"Fakat yarın katırı sakatlanacak, o nimette ancak köpeklere nasip olacak."

Adam bunu duyar duymaz katırını da sattı, güya dertten de kurtuldu, ziyandan da. Üçüncü günü köpek horoza dedi ki:

"Ey beyliği davulla, dümbelekle ilan edilen yalancılar beyi, hani nerede vaadin?" Horoz:

"Acele katırı da sattı, fakat yarın kölesi ölecek. Ölünce de akrabası yoksullara, köpeklere ekmekler dağıtacaklar." dedi.

Adam kölesini de sattı ve hayvanların dilini öğrenmekle ne iyi ettiğini düşünüyor, kurtulduğu ziyanlar sebebiyle şükürler ediyordu.

Ekmekten mahrum kalan köpek, dördüncü gün:

"Ey tek, çift atıp duran herzevekil ve yalancı horoz! Yalanın, düzenin niceye dek sürecek? Sen yalandan başka bir şey söyleyemez misin?" diye çıkıştı. Horoz:

"Haşa, ne ben yalan söylerim, ne de benim cinsimden öteki horozlar. Adam kölesini de sattı. Köle satılır, satılmaz öldü. Alanda iki kat ziyana girdi. Malını kaçırdı ama, iyi bil ki kendi kanına girdi. Fakat şimdi de yarın ki gün ev sahibi ölecek. Mirasına konan feryat ve figan ederek bir öküz kesecek yarın, adam ölünce sana epey yemek düşecek." dedi.

Bunları duyan adamın içine ateş düştü. Koşa koşa Hz. Musa'ya vardı. Feryat ederek:

"Ey iyi ahlaklı lütfet; başıma kakma, yüzüme vurma. Ben iyiliğe layık bir adam değilim. Ancak öyle hareket edebilirdim, ettim de. Sen benim liyakatsizliğimi iyilikle karşıla." diye yalvardı.

Hz. Musa(a.s.) artık vadenin geldiğini, atılan okun geri dönmeyeceğini ölüme çare olmayacağını, ancak imanla giderse âhirette mutlu olacağını öğütledi, adama.

Adam, o gün seher vakti öldü.

Hz. Musa(a.s.), Allah'a dua etti, adamın imanla kabulü için:

"Ya Rabbi! Bu dünya ölümlü dünyadır. Sen onu o aydınlık alemde dirilt. Sen, şimdi onlara, gözlerden gizli olan yurdunda rahmet saç!" dedi.

Akıllı kişiye sonda görülecek şey önceden görünür, gönlüne doğar; bilgisi az kişiye sonunda!

Ey insan! Cisim ve mal ziyanı, cana faydalıdır, canı vebalden kurtar. Sen de riyazatla, canla, başla müşteri ol. "Tenini riyazata verdin mi canını kurtardın." demektir.

İ

Hükümdar ve Halayık

Bir zamanlar hem dünya hem de din saltanatına sahip bir padişah vardı. Bir gün hayvanına binmiş halde yakın adamlarıyla av için giderken ana caddede bir halayık gördü. Bir görüşte aşık olduğu bu cariyeyi satın aldı. Fakat padişahın mutluluğu uzun sürmedi, halayık hasta oldu. Padişah çevredeki bütün hekimleri topladı ve onlara:

- İkimizin de hayatı sizin elinizde, dedi, benim hayatım önemli değil, asıl o canımın canı. Asıl ben hastayım, dermanım o. Kim beni bu dertten kurtarırsa, hazineler, inciler ve mercanlar alacaktır.

Hekimler şöyle cevap verdiler:

- Beraberce çare arayıp, birlikte tedavi edelim. Her birimiz hekimlikte ustayız, elimizde her hastalık için bir ilaç vardır.

Hekimler, büyüklendikleri için inşallah (Allah isterse) demediler. Allahu Teala da insanlara onların acizliğini gösterdi, ilaç ve tedavi olarak ne yaptılarsa kâr etmedi, hastalık daha da arttı.

Cariyenin hastalıktan bir deri bir kemiğe döndüğünü gören padişah sel gibi gözyaşı dökmeye başladı. Hekimlerden ümidini kesince mescide koştu, kıbleye yöneldi, gözyaşları içinde duaya başladı:

- Ey en az ihsanı dünya saltanatı olan Allah'ım! Benim bir şey söylememe gerek yok, zaten sen her şeyi biliyorsun. Ey her dileğimizi veren Rabbim, bu defa da yolu yanıldık. Sen her şeyi bildiğin halde, yine de bizim dertlerimizi söyleyip dua etmemizi istiyorsun.

Padişah bu şekilde dua edip ağlarken uyuya kaldı. Rüyasında yaşlı bir zat göründü ve şunları söyledi:

- Müjde, ey padişah, duaların kabul oldu. Yarın bir hazık hekim gelecek, o bizdendir. Ona güven, çünkü emin ve gerçek erenlerdendir. Onda Hak kudretini gör.

Sabah olunca padişah, rüyada gösterilen zatı görmek için pencerede beklemeye başladı.

Nihayet, faziletli ve bilgili olduğu her halinden belli olan bir yabancı göründü. Padişah onu bizzat karşılamaya koştu, mabeyincilerin yerine geçti. Ona hürmet ve tazimde bulundu, odasının baş köşesine kadar geçirdi. Ağırlama ve hal hatır sorma faslı bitince onu hareme götürdü. Hekim haşlanın yüzüne baktı, nabzını sayıp idrarını muayene etti. Hastalığın seyri hakkında bilgi aldıktan sonra şöyle dedi:

- Diğer hekimlerin tedavileri hastayı büsbütün mahvetmiş. Onlar körlüklerinden hastanın iç dünyasından haberdar değiller. Hekim, hastalığın nedenini anlamıştı, fakat bunu sakladı, padişaha söylemedi, inlemesinden, onun gönül hastası olduğunu anladı.

Padişaha:

- Ey padişah, dedi, burayı boşalt, yakınlardakileri de uzaklaştır. Kimse köşe bucaktan kulak dinlemesin ki ben bu cariyeye bazı şeyler sorayım.

Oda boşaltılıp hasta cariye ile hekimden başka kimse kalmayınca hekim yumuşaklıkla ve sevecenlikle:

- Her memleket halkının ilacı değişiktir, sen nerelisin? diye sordu.

Halayık memleketini söyleyince de:

- Orada akrabalarından kimler var? diye devam etti.

Cariye bütün ahvalini hekime açıkça söylemeye, memleketinden, efendilerinden, şehrinin havalisinden bahsetmeye başladı. Hekim bir yandan halayığın anlattıklarını dinlerken bir yandan da nabzının atışına dikkat etmekteydi. Halayık memleketindeki yakınlarını birer birer anlattı. Sonra başka bir beldeden söz açtı. Hekim:

- Memleketinden ayrılınca ilk önce hangi beldede bulundun? diye sordu.

Cariye bir şehrin adını verdi, fakat yüzünün renginde ve nabzının alışında bir değişiklik olmadı. Bulunduğu diğer şehirleri ve efendilerini de tek tek saydı. Kaldığı yerleri, geçen zamanlarını, yaşayıp gördüklerini anlattı. Şehir şehir, ev ev anlattığı halde nabzında başkalaşma ve çehresinde sararma olmadı. Sonunda sıra Semerkand şehrine gelince halayığın yüzü kızardı ve nabzı hızlandı. O şehirdeki bir kuyumcudan ayrılmıştı. Hekim:

- O hangi mahallede yaşıyor? diye sordu. Cariye:

- Gatfer Mahallesi'nde, köprü başında, diye cevap verdi. Hekim:

- Hastalığını anladım, seni tedavi edeceğim, dedi, sana yüz babadan daha şefkatliyim. Fakat bu sırrını sakın kimseye söyleme. Padişah sana ne kadar sorsa da yine gizle. Sırların gönlünde gizli kalırsa muradın çabucak hasıl olur.

Bunun ardından hekim doğru padişahın huzuruna gitti. Ona meseleden birazcık bahsedip dedi ki:

- Çare şu, iyileşmesi için o adamı getirelim. Kuyumcuyu o uzak beldeden çağır, altın ve değerli elbiselerle kandır.

Padişah, hekimin tavsiyesini can-ü gönülden kabul etti. Semerkant'a ehil ve dirayetli, güvenilir iki kişi gönderdi. O iki zat, kuyumcuya şöyle dediler:

- Ey keremli üstad, ey hünerde kemal sahibi! Medh ü senan her tarafa yayılmıştır. Falan padişah işte seni kuyumcu başı olarak seçti. Çünkü sen bu meslekte pek ulusun, pek ustasın.

Şimdi şu elbiseyi, altın ve gümüşü al! Padişahın yanına gelince de yakın adamlarından olursun.

Kuyumcu çokça malı ve parayı görünce aldandı, teklifi kabul etti. Padişah kuyumcuya ikramda bulundu, hazinesini ona emanet etti. Sonra hekim padişaha şöyle dedi:

- Ey büyük padişah! O halayıkcağızı bu kuyumcuya ver. Ver ki, vuslatıyla iyileşsin.

Bunun üzerine padişah o ay yüzlüyü adama bahşetti. Biribirine iştiyak duyan kuyumcu ile cariyeyi birbirine çift etti. Altı ay kadar kâm (keyif) alıp muratlarına erdiler. Böylece cariye de tamamen iyileşti.

Bunun ardından hekim, kuyumcu için bir şerbet yaptı. O bunu içince erimeye başladı. Hastalık yüzünden kuyumcunun güzelliği kalmayınca halayığın ona olan aşkı bitti, ondan vazgeçti. Onun yüzü sararıp soldukça kızın gönlü de ondan soğudu.

Zahiri güzelliğe ait olan aşklar gerçek aşk değildir. Onlar, sonunda bir utanma ve ar olur. Kuyumcu daha baştan çirkin olsa ve başına bu kötü hal gelmese daha iyiydi.

Tavus kuşunun kanatlarının güzelliği kendisine düşmandır. Nice sultanlar vardır ki, kuvvet ve azametleri helaklerine yol açmıştır.

Ölümlülerin aşkı ebed değildir. Ölmeyecek olanın aşkını seç, çünkü o bakidir.

i

Bakkal ve Tûti

Bir bakkal vardı. Bu bakkal yeşil, güzel sesli ve konuşan bir tûtiye sahipti. Kuş dükkanda bekçilik yapar, müşterilere nükte ve latifeler söylerdi, insanlara hitap ederken insan gibi konuşurdu, fakat tûti gibi ötme mahareti de bulunuyordu.

Bir gün bakkal evine gitti. Ansızın bir kedi, fare tutmak için dükkana sıçradı. Can korkusuna kapılan tûti dükkanın baş köşesinden bir tarafa kaçtı, bu arada gülyağı şişesini de devirdi.

Bir süre sonra dükkan sahibi geldi, gönül huzuruyla geçti oturdu. Ne görsün, dükkan yağ içinde, elbisesi de yağa bulaşmış durumda. Öfkeyle tûtinin başına vurdu. Tûtinin dili tutuldu, başı kel oldu; artık sesi kesildi. Pişman olan bakkal ah etmeye, sakalını yolmaya başladı.

- Elim kırılsaydı keşke! O güzel sözlünün başına nasıl vurabildim?! diyordu.

Tûti yine konuşsun diye yoksullara sadakalar dağıtıp durdu.

Aradan üç gün üç gece geçti. Dükkan sahibi şaşkın ve ümitsiz, gam ve keder içinde oturur, "Bu kuş ne zaman konuşacak acaba?" diye düşünüp dururken, ansızın dükkanın önünden, tas dibi gibi tüysüz kafalı bir derviş geçti.

Tûti, hemen dile gelip adama bağırdı:

- Ey kel, neden keller arasına karıştın? Yoksa sen de gülyağı şişesi mi devirdin?

Bunu duyan halk gülmeye başladı. Çünkü tûti, dervişi kendisi gibi sanmıştı.

Temiz zatların halini seninkiyle bir tutma. Şir kelimesi hem aslan hem de süt anlamına gelir, ama aslan nerde, süt nerde!

Çokları peygamberlerle beraberlik iddiasında bulundular da "Siz de bizim gibisiniz" dediler. Velileri de kendileri gibi sandılar.

Arının her iki türü de bir yerden yedikleri halde birinden zehir, diğerinden bal meydana gelir.

İ

Yahudi Kral ve Ateşe Atılan Çocuk

Hz. İsa (A.S)'ın dinini bozmak için veziri ile birlikte hile kuran Yahudi kralın neslinden bir başka kralın yaptıkları, geçmiş dönemler için hikaye edilir. Bu da öncekinin izinden yürüdü, aynı kötü adeti sürdürdü.

Nefs putuna tapan kral bir ateş yaktırdı ve yanına da bir put diktirdi:

- Kim bu puta secde ederse kurtulur, dedi, ibadet etmeyen ise ateşin tam ortasına atılır.

Bu kral, küçük bir çocuğu bulunan bir mümin kadını da putun önüne getirtti. Ateş alevliydi. Kadın puta tapmadığı için çocuğunu ondan alıp ateşe attılar. Kadın korkuya kapılıp putun önünde secde etmek istedi. Tam bu sırada çocuk ateşin içinden,

- Anne, ben ölmedim, diye haykırdı, görünüşte ateş içindeysem de aslında çok rahatım. O köpek kralın kudretini gördün, gel burada da Allahu Teala'nın lütuf ve kudretini gör.

Bundan sonra çocuk halka hitap etmeye başladı:

- Ey ahali, dedi, hepiniz ateşe girin. Bu, kralın kurduğu bir sofra, binlerce baharı olan bir nasip.

Çocuk kalabalığın ortasında böylece bağırıyor, halk onun sesinden dehşet ve hayrete kapılıyordu. Öyle ki, kadın-erkek hepsi düşünmeksizin kendilerini ateşe atmaya başladılar. Halbuki kimse onları ateşe girmek için zorlamıyordu. Sonunda kralın adamları halkın ateşe atılmasına engel olmaya başladılar.

Bunu gören Yahudi kralın yüzü kara oldu, utanç içinde kaldı. Çünkü halk dinlerine eskisinden daha fazla bağlanmışlardı. Zillet içinde ateşe dönüp:

- Ey ateş, dedi, niye yakmıyorsun? Sana tapan bile yanarken tapmayan nasıl kurtuluyor?

Ateş dedi ki:

- Ey şaman! Ben aynı ateşim, gir de sıcaklığımı bir gör. Ben Allah'ın kılıcıyım, O'nun izniyle keserim.

Yahudi kral bu olağanüstü olayları gördüğü halde yola gelmedi. Çevresindekilerden bazıları ona, bu işe daha fazla devam etmemesi için nasihat ettiler. Fakat o nasihat verenlerin ellerini bağlatıp hapsettirdi. Böylece zulmüne yeni zulümler ekledi. Bunun üzerine bir nida işitildi:

-Ey köpek, madem iş bu noktaya geldi, işte kahrımız erişti.

Bunun ardından ateş kırk arşın alevlendi. Bir halka haline gelip kralı ve Yahudileri yaktı. Onlar önceden de ateştiler, sonunda ilk hallerine döndüler. Onları kendi ateşleri yaktı.

i

Aslan ve Kuyudaki Düşman

Güzel bir deredeki av hayvanları, aslanın korkusundan perişan haldeydiler. Çünkü daima pusuya yatıyor ve içlerinden birini avlıyordu. Bu yüzden, yaşadıkları otlak onlara dar geliyordu.

Bir çare düşündüler, aslanın yanına gelip:

-Ey aslan! Biz sana her gün yiyecek verelim. Sen de artık hiç av peşine düşme, böylece biz de rahat edelim sen de.

Aslan:

-Oyuna getirilmeyecek olsam, söylediğiniz doğru, ama ben ondan bundan çok hile gördüm. Halkın yaptıklarından, ettikleri hilelerden perişan oldum. Yılanlar, akrepler tarafından çok ısırıldım. Ben, "Mümin bir delikten iki kere ısırılmaz" sözünü can u gönülden kabul ettim.

Buna karşılık hayvanlar dediler ki:

- Korkup çekinmeyi bırak, korkup çekinme kaderin hükümlerini geri çevirmez. En iyisi tevekkül etmektir. Allah'tan bir zarar gelmemesi için kulun Hakk'ın hükmüne ölü gibi teslim olması gerekir.

Aslan:

- Evet, dedi, tevekkül kılavuzdur, fakat sebebe teşebbüs de Hz. Peygamber(s.a.s)'in sünnetidir. O, "Önce deveni bağla, sonra tevekkül et!" buyurmuştur. Çalışan, Allah'ın dostudur. Tevekkül, sebeplere tevessüle engel olmamalıdır.

Hayvanlar aslana şöyle cevap verdiler:

- Çalışıp kazanmak, halkın inancının zayıflığından doğar. Tevekkülden daha güzel bir kazanç yoktur.

Aslan:

- Öyle ama, dedi, Allahu Teala ayağımızın önüne bir merdivenci, koydu. Dama basamak basamak çıkmak lazımdır. Ayağın var, nasıl olur da topal gibi davranabilirsin; elin var, niçin pençeni saklarsın? Bir efendi kölesinin eline beli verdiğinde, söylemeden isteği belli olur. Bel gibi olan el de Allah'ın işaretlerindendir, işlerin sonunu düşünme özelliği miz de öyledir. Tevekkül ediyorsan çalışma konusunda tevekkül et. Kazan, sonra Allah'a dayan!

Hayvanlar hep birden bağırarak dediler ki:

- Kazanmak bir addan başka bir şey değildir. Kulun çalışıp çabalamasından, ezelde verilen kısmetten başkası meydana gelmez.

Aslan şöyle cevap verdi:

- Doğru ama peygamberlerin ve müminlerin çalıştıklarını da unutmayın. Dünya, Allah'tan gafil olmaktır, çalışıp kazanmak değil. Kumaş, elbise, para, ticaret yapmak ve kadın dünya değildir. Allah için sarf edilmek üzere kazanılan mala Hz. Peygamber (s.a.s), "Ne güzel mal!" demiştir. Su geminin içinde olursa onu batırır, altında olunca da onun yürümesine yardım eder. Mal mülk sevgisini gönlünden çıkardığı için Hz. Süleyman bütün saltanatına rağmen yoksul adını aldı. Çalışma da haktır, deva da dert de..

Aslan bu şekilde pek çok delil getirdi. Tilki, geyik, tavşan ve çakal cebriye inancını terk edip konuşmayı bıraktılar ve aslanla ahitleştiler. Buna göre, her gün zahmetsizce aslanın kısmeti verilecek, buna karşılık da aslan avlanmayacaktı.

Böylece, kime kura çıkarsa o kendiliğinden aslana teslim olmaya başladı. Sonunda kuradan tavşan çıkınca o dayanamayıp haykırdı:

- Ne zamana kadar sürecek bu zulüm?!

Hayvanlar nasihat ettiler:

- Bugüne kadar herkes ahdine vefa edip canını feda etti. Bizim adımızı kötüye çıkarma, yoksa aslan incinir. Yürü git!

Tavşan:

- Dostlar, dedi. Bana izin verin de hilemle hepinizi bu beladan kurtarayım. Hem canımız kurtulsun, hem de bu hile çocuklarımıza miras kalsın.

- Ey eşek, diye cevap verdiler hayvanlar ona, dinle! Tavşan olduğunu unutma, haddini aşma! Senden daha iyiler bile böyle bir laf söylemediler.

- Dostlar, dedi tavşan, Allah bana ilham etti. Ben zayıfım ama, kuvvetli bir görüşe sahip oldum. Hakk'ın arıya öğrettiklerinden aslan ve ejderha habersizdir. Hiçbir fil, ipekböceğinin yaptığını yapamaz. Görünüşe aldanmayın! İnsan şekliyle insan olsaydı, Hz. Peygamber (S.A.S) ile Ebu Cehil eşit olurdu. Kitaplar adamı suretiyle değil, vasıflarıyla över, "Alim, adil" gibi. Bunun üzerine hayvanlar:

- Öyleyse düşündüğün şeyi söyle, dediler, danışmak insanın anlayışını keskinleştirir; akıl akıla yardım eder.

- Her sır söylenmez, diye karşılık verdi tavşan, şu üç şey hakkında konuşma: Gittiğin yol, paran ve mezhebin. Çünkü bu üçünün de pek çok düşmanı bulunur. Düşman bildi mi, sana hemen pusu kurar, iki kişiyi aşan, bir başkasına da söylenen her sır yayılır. Hz. Peygamber (S.A.S) kinaye ve ima ile meşverette bulunurdu, düşman anlayamazdı. Düşüncesini kapalı misalle söyler, sorusundan düşman bir şey sezemezdi.

Tavşan, hayvanlarla bu şekilde konuştuktan sonra aslanın yanına gitmekte gecikti. Aslan, onun gecikmesinden dolayı öfkelendiği için pençesiyle toprağı kazıyor, kükreyip duruyor, hayvanlara atıp tutuyordu:

- Bu alçakların sözlerinde durmayacaklarını biliyordum. Ne zamana kadar böyle aldatılıp duracağım?! Tedbirsiz yönetici aciz kalır. Ahmaklığından dolayı ne önünü ne de ardını görebilir. Düşman aldatıcı sözlerle gözümü kapattı, hileleri beni bağladı.

Tavşan bir hayli geciktikten sonra aslanın kaldığı yere doğru yola düştü. Bu arada aslanın öfkesi de alabildiğine artmıştı. Tavşanın uzaktan korkusuz, hiddetli, asık suratlı ve çalımlı bir tavırla geldiğini gördü. Tavşan, üzüntülü ve ürkek bir şekilde gelmesinin suçluluğunu göstereceğini, cesaretin ise bütün şüpheleri gidereceğini biliyordu. Aslanın yanına yaklaşınca o bağırdı:

- Ey aşağılık mahluk! Ben ki filleri parçalamış, erkek aslanların kulağını burmuşum. Bir tavşan parçası kim oluyor da emrimi ayaklar altına alabiliyor?!

Tavşan sükunetle cevap verdi:

- Efendim, aman diliyorum, çünkü mazeretim var.

- Ey ahmak, diye kükredi aslan, bu ne biçim özür?! Bir padişahın huzuruna bu vakit mi gelinir? Ahmağın özrü kabahatinden büyük olur. Ben tavşan mıyım ki özrüne kanayım.

Tavşan yaltaklanarak cevap verdi:

- Padişahım, zulme uğrayan bu tavşanın mazeretini dinle! Mevkiinin sadakası olarak ihsan ve keremde bulun!

Aslan aynı sertlikle konuşmaya devam etti:

- Benim ihsan ve keremim layık olan içindir. Herkese boyuna göre elbise biçerim.

- Önce dinle, layık değilsem eğer, ne yaparsan yap! Kuşluk vakti bir arkadaşımla yola düşmüştüm. Hayvanlar senin için bir başka tavşanı daha benim yanıma katmışlardı. Yolda bir erkek aslana rastladık, ikimize de sataştı. Ona, "Biz padişahlar padişahının kullarıyız" dedim. "Utan! Padişahlar padişahı dediğin de kim oluyor?!" dedi, "Benim yanımda adamlıktan nasibi olmayanları anma! Eğer buradan iki adım öteye gidersen seni de padişahını da parçalarım." Ona dedim ki: "Beni bırak da padişahımı görüp bunu haber vereyim." Bana, "Yoldaşım burada rehin bırak, aksi takdirde gidemezsin" dedi. Ne kadar yalvardıysak da fayda etmedi. Arkadaşımı bırakmak zorunda kaldım. O semizlik, irilik ve güzellikçe benim üç mislimdi. Padişahım, bundan sonra sizin günlük yiyeceğinizin yolu kapanmıştır, düşman yolu tutmuştur. Ben doğru söylüyorum, doğru söz acı olur. Eğer tahsisatının gelmesini istiyorsan o yol kesiciyi ortadan kaldırmalısın!

Aslan, tavşana inanmıştı:

- Haydi gidelim, dedi, nerede o? Düş önüme de onun cezasını vereyim. Fakat yalan söylüyorsan seni cezalandırırım.

Düşman sözü dinleyenin, hasetçiye dost olanın akıbetinin nasıl olduğunu gör. Düşman her ne kadar dostça konuşsa, fayda ve kazançtan söz etse de, sen onu tuzak bil! Verdiği şekeri zehir, lütfunu kahır say.

Tavşan yol göstermek için öne düştü. Aslanın derin bir kuyunun başına götürmeye başladı. Kuyunun bulunduğu yere yaklaştılar. Kuyunun yanına kadar giden aslan, tavşanın geride kaldığını gördü. Dedi ki:

- Niçin geride kaldın? ileriye gel!

- Nasıl geleyim, dedi tavşan, elim ayağım oynamaz oldu, yüreğim yerinden oynadı. Yüzümün renginin ne hale geldiğimi görmüyor musun?

- Bunları bırak, dedi aslan, geride kalmanın sebebini söyle!

- O aslan işte o kuyuda, diye cevap verdi tavşan. Aslan hiddetle konuştu:

- Yürü! Açacağım yara onu mahvedecek. Bir bak bakalım orada mı?

- Ben bu belaya bir kere çarpıldım, dedi tavşan, ikinci defa cesaret edemem. Fakat beni kucağına alırsan ancak o zaman kuyuya bakabilirim.

Bunun üzerine aslan onu kucağına aldı. Bu şekilde kuyunun başına vardılar. Aslanın ve kucağındaki tavşanın aksi su içinde parıldadı. Aslan, kuyuda bir erkek aslanla şişman bir tavşan olduğunu gördü. Kucağındaki tavşanı bırakıp düşmanının üzerine atladı. Kuyuda boğulup can verdi. Böylece yaptığı zulüm kendi sonunu hazırladı.

Kim bir kuyu kazarsa kendisi düşer. Zulümle kuyu kazan, kendisi için tuzak hazırlamış olur. Aslan kendi aksini düşmanı sandı, böylece kendisine kılıç çekti, insanlardan gördüğün birçok düşmanlık aslında senin kendi huyundur. Kendi huyunu onlarda görüyorsun.

Hileyle aslanı öldüren tavşan kurtulduğuna sevinerek otlağa, av hayvanlarının yanına koştu. Sevinç içinde, oynayıp el çırparak gidiyordu. Yanlarına varınca müjde verdi:

- Sevinin, dedi, o cehennem köpeği geldiği yere gitti. Ölüm süpürgesi onu çerçöp gibi süpürdü.

Bunu duyan bütün hayvanlar sevinçle gülüp oynamaya, tavşanı öpmeye başladılar. Etrafında halka olup ona saygı sundular:

- Onu hile ile nasıl kandırdın, diye sordular, nasıl bir düzen kurdun? Bize anlat ki onun zulmünden canlarımızda açılan yaralara merhem olsun!

Tavşan onlara nasihat etti:

- Allah yardım etti, dedi, yoksa bir tavşanın neye gücü yeter?! Üstünlükler, hallerin değişmesi hep Hak'tandır. O bu kuvvet ve kudreti nöbetleşe vermektedir, ikbal nöbetine ulaşan fazla sevinmemelidir, çünkü elden çıkacaktır. Dışımızdaki düşmanı, aslanı öldürdük, şimdi sıra içimizdeki düşmanla savaşmakta. O, böyle tavşan maskarası olmaz. Küçük savaştan büyük savaşa döndük.

i

Azrail'den Kaçan Adam

Bir kuşluk vakti saf bir adam koşarak Hz. Süleyman (A.S)'ın huzuruna geldi. Yüzü elem ve kederden sararmış, dudakları mosmor olmuştu. Süleyman (A.S):

- Ne oldu sana, diye sordu.

- Azrail (A.S), dedi adam, bana öyle sert bir bakış fırlattı ki..

- Peki, dedi Hz. Süleyman, şimdi ne istiyorsan söyle.

Adam dedi ki:

- Rüzgâra emret, beni Hindistan'a kadar götürsün, belki oraya gidince canımı kurtarırım.

Bunun üzerine Süleyman (A.S) rüzgâra emretti, rüzgâr da adamı hemen Hindistan'daki bir adaya götürüp bıraktı.

Ertesi gün Süleyman (A.S) divanda halkla buluşunca Azrail (A.S)'a:

- Ey Azrail, dedi, o Müslüman'a niçin sert baktın, bana anlat. Adamı işinden gücünden, evinden barkından uzaklaştırmak mı istedin?

- Ey cihanın padişahı, dedi Azrail, o yanlış anladı. Ben ona sert bakmadım. Onu yolda görünce şaşırdım. Çünkü Hak Teala bana, "Bugün onun canını Hindistan'da al!" diye emretmişti. Hayretler içinde, "Yüz tane kanadı olsa Hindistan'a gitmesi yine de zor" dedim.

Fakirlikten korkmak, bu adamın ölümden korkmasına benzer. Hırs ve çalışma ise Hindistan'dır.

Dünya işleri hep böyledir. Kimden, nereye kaçıyoruz?!

i

Hz. Süleyman (a.s.)'ın Kuşları

Bir gün Hz. Süleyman'ın büyük divan çadırı kuruldu ve bütün kuşlar huzurunda toplandılar. Süleyman (a.s.) kendi dillerini anladığı için onunla konuşmaya başladılar. Bütün kuşlar sırları, hünerleri ve işleri hakkında bilgi veriyorlar, kendilerini tanıtmak için övünüyorlardı. Amaçları, Hz. Süleyman (a.s.)'ın yakınları arasına girmekti. Konuşma sırası hüthüte gelince dedi ki:

- Padişahım, hünerlerimden küçük birini kısaca arz edeyim. Kısa konuşmak daha iyidir.

- Söyle bakalım, dedi Hz. Süleyman, o nasıl bir hünerdir?

- Çok yükseklerde uçtuğum zaman, dedi hüthüt, aşağıya bakınca yerin en dibinde bulunan suyu görürüm. Suyun derinliğini, rengini, nereden kaynadığını hep bilirim. Ey Padişah! Ordu kurulacak yeri tayin etmek için beni yanında sefere götür!

Hz. Süleyman:

- Öyleyse susuz ve uçsuz bucaksız çöllerde sen bize yoldaş ol, dedi, bize su bulursun.

Bunu duyan karga hasedinden öne çıkıp Süleyman(a.s.)'a:

- Hüthüt yanlış ve kötü konuştu, dedi, padişah huzurunda gaitan ve olmayacak söz söylemek büyük edepsizliktir. Onun böyle bir görüş gücü olsaydı, bir avuç toprak altındaki tuzağı görmez miydi?! Madem gözleri böyle keskin de niçin tuzağa yakalanıp kafese giriyor?!

Bunun üzerine Hz. Süleyman(a.s.):

- Ey hüthüt, dedi, sonu yalan çıkacak bir sözü huzurumda nasıl söyleyebiliyorsun?

Hüthüt şöyle cevap verdi:

- Padişahım, kaza ve kader gözümü ve aklımı örtmezse ben tuzağı havada da görürüm. Fakat kaza gelince görüş kaybolur; ay kararır, güneş tutulur. Eğer sözüm yalansa işte boynum, kes! Fakat kaza hükmünü inkar eden karga, binlerce aklı olsa da kâfirdir.

İ

Hz. Ömer ve Bizans Elçisi

Bizans imparatoru, Hz. Ömer'e bir elçi göndermiş, elçi, uzak çölleri aşarak Medine'ye kadar gelmişti. Ahaliye:

- Halifenin sarayı nerede, diye sordu, gösterin ki atımı, eşyamı oraya bırakayım.

Halk:

- Onun sarayı yok, dediler, her ne kadar müminlerin emiri ise de, onun yoksullar gibi sadece bir kulübesi var.

Bunu duyan elçi hayrete kapıldı, Hz. Ömer'i görme arzusu arttı. Onu aramaya başladı:

- Dünyada böyle adam olur mu? diyordu.

Bir bedevi karısı onun yabancı olduğunu gördü. Hz. Ömer'i aradığını anladı:

- Ömer işte şurada, şu hurma ağacının altında, dedi.

Hz. Ömer hurma ağacının dibinde, yapayalnız, gölgede uyuyordu. Elçi gelip biraz uzakta durdu. Hz. Ömer'i görünce onu bir titreme tuttu. Gönlünde Hz. Ömer'e karşı hem korku hem de muhabbet vardı. Kendi kendine:

- Ben ki nice krallar, imparatorlar gördüm, yakınlarında bulundum, dedi, onlardan ne korkar ne de ürkerdim. Fakat bu adamın heybeti yüreğimi ağzıma getirdi. Aslan ve kaplanların yaşadığı ormanlara daldım, pek çok savaşta bulundum, nice yaralar aldım, fakat korku nedir bilmedim. Şimdi ise silahsız, kuru yerde yatan şu adamdan korkuya kapıldım. Bu heybet ondan değil, Allah'tan.

Elçi bu düşünceler içinde hürmetle ellerini bağlayıp bekledi. Bir süre sonra Hz. Ömer uyandı. Elçi ona saygıyla selam verdi. Hz. Ömer onun selamını alıp yanına çağırdı, karşısına oturttu, sakinleştirdi.

Hz. Ömer elçiye değer verdi, onunla sohbet etti. Elçi:

- Ey müminlerin emiri, dedi, ruh yücelerden yere nasıl indi? Hiçbir şeyle kayıtlanmış olmayan can kuşu kafese nasıl girdi?

Hz. Ömer:

- Hak Teala cisme bir ayet okudu can oldu. Güneşe bir şey söyledi, parladı, dedi, Allah yokluğa bir şey söyleyince varlık haline gelir, coşmaya başlar. Ekmek, sofrada dururken cansızdır, fakat insan vücudunda ruh kesilir.

Hz. Ömer'i dinleyen elçinin gönlünde bir aydınlık meydana geldi. Hikmete erişip faydalanmak için sordu:

- O saf suyun bulanık toprakta hapsedilmesinin hikmeti nedir? Niçin saf can cisimle mukayyet olmuş? Hz. Ömer:

- Mana harflerde hapsedilmiştir, dedi, mananın kelimelerle söylenmesinde yüz binlerce fayda vardır. Bu faydaların her biri, ruhun cesede girmesindeki faydanın yanında önemsizdir. Manayı söze sığdırmaya çalışmak, onu hapsetmektir. Sözün faydası yoksa, söyleme!

Elçi, bu açıklamalarla aradığını buldu, aklında ne elçilik kaldı, ne de getirdiği haber! Elçi iken, sultan oldu.

Hz. Âdem (a.s.)'in Edebi

Şeytan, "bimâ ağveyten" dedi, kendi fiilini gizledi, Allahu Teala'yı kendisini saptırmış olmakla suçladı. Hz. Adem(a.s.) ise, "Zalemna enfüsena" dedi, nefsine zulmettiğini söyledi. Günahını Hakk'a isnat etmedi. Edebe riayet edip suçu kendisine yüklediğinden ihsana nail oldu. Âdem seçimini yaptı.

Âdem(a.s.) tövbe ettikten sonra Allahu Teala:

- Ey Âdem, dedi, o suçu sende ben yaratmadım mı, benim takdirim değil miydi, tövbe ederken neden bunu gizledin?

Âdem (a.s.):

- Ya Rab, dedi, korktum, edebi terk edemedim.

Allahu Teala (c.c.) da:

- İşte bunun için seni affettim, diye vahyetti.

İ

Hapisteki Tûti

Bir tacirin, kafeste hapsedilmiş güzel bir tûtisi vardı. Hindistan'a gitmek üzere yol hazırlığına başlayan tacir cömertlik ve kereminden dolayı köle ve cariyelerinin her birine:

- Söyle, dedi, sana Hindistan'dan ne getirmemi istersin?

Her biri ondan bir şey istedi. O da istediklerini getirme vaadinde bulundu. Tûtiye de:

- Peki sen ne istersin, diye sordu. Tûti:

- Oradaki tûtileri görünce benim halimi anlat, dedi, benim hapiste olduğumu ve onlara hasret duyduğumu söyle. Onlara selam gönderdiğimi, yardım istediğimi, bir kurtuluş yolu aradığımı bildir.

Tacir, tûtinin isteğini kabul etti. Hindistan dolaylarına varınca, kırda birkaç tûti gördü. Atını durdurup, tûtinin selamını ve onlara olan mesajını bildirdi. Tûtilerden birisi titremeye başladı, bir hayli titremeden sonra nefesi kesildi, düştü öldü.

Bunu gören tacir çok üzüldü, verdiği haberden dolayı pişman oldu.

- Zavallının ölümüne sebep oldum, dedi, galiba bu tûti o tûticeğizin akrabası.

Tacir Hindistan'daki işleri bitirdikten sonra memnun ve mesrur olarak evine döndü. Bütün köle ve halayıklara hediyeler verdi, ihsanlarda bulundu. Tûti:

- Bu kulun armağanı nerde? Tûtilerden ne görüp ne duydun, diye sordu.

Tacir:

- Söyleyemem, dedi, zaten senin haberini götürdüğüm için hala pişmanım.

Tûti:

- Efendim, pişman olmanıza sebep nedir, dedi, niçin bu kadar öfkeli ve kederlisiniz?

Tacir:

- İsteğini, sana benzeyen tûtilere söyledim, dedi tacir, fakat senin derdini duyanlardan biri titremeye başladı, düşüp öldü.

Tacirin cevabını duyan tûti, diğer tûti gibi titremeye başladı, sonra da düştü, kaskatı kesildi. Tûtinin öldüğünü gören tacir yerinden sıçradı, yakasını yırttı, külahını yere çarptı.

- Ey güzel ve hoş nağmeli tûti, dedi, ne oldu sana, niçin yere yıkıldın?

Tacir üzüntü ve keder içinde bir hayli dövündü, söylenip durdu. Daha sonra da tûtiyi kafesten çıkarıp attı. Tûti hemen kanat çırpıp yükseldi, yüksek bir ağacın dalına kondu. Tacir buna şaşırıp kaldı.

Yüzünü tutiye çevirip:

- Ey tûti, dedi, nedir bu senin yaptığın?

Tûti şöyle cevap verdi:

- Hindistan'daki tûti bana hareketiyle nasihat etti. Söz söylemeyi bırakmamı, bunun beni hapse tıktığını bildirdi. Bu nasihati vermek için de kendisini ölü gösterdi. Nağme ve terennümü bırak, benim gibi öl ki, kurtulasın, dedi.

Bunları söyledikten sonra tûti veda etti, ayrılık vaktinin geldiğini söyleyip uçtu.

Tacir kendi kendine:

- Bu bana nasihatti, dedi, ben neden tûtiden aşağı olayım!

i

Hz. Musa (a.s.) ve Sihirbazlar

Firavunun devrinde Mısır sihirbazları Hz. Musa ile mücadeleye giriştiler. Her ne kadar ona kin duyuyorsalar da onu büyük tuttular, öne geçirdiler. Çünkü ona:

- Dilersen önce sen asanı at! dediler. Hz. Musa:

- Hayır, ey sihirbazlar, dedi, önce siz atın!

Onların Hz. Musa'ya gösterdikleri bu kadarcık hürmet iman etmelerine sebep oldu. İnat etmiş oldukları için de el ve ayakları kesildi. Sihirbazlar Hz. Musa(a.s)'da Allah'ın kadrini anladıkları için önceden işledikleri suça karşılık ellerini, ayaklarını feda ettiler.

i

Hz. Ömer (r.a.) ve Çalgıcı

Hz. Ömer zamanında bir çalgıcı vardı. Çok güzel çeng çalardı, sesi de pek latifti. Öyle bir çalgıcıydı ki, dinleyenlerin içini neşe ile doldurur, türlü hayallere dalmalarına neden olurdu. Fakat zaman geçip ihtiyarlayınca sırtı küp gibi kamburlaştı, kaşları gözlerinin üstüne dökülür oldu. O güzel sesi de kart eşeğin sesine benzemeye başlamıştı. Böylece kazanç kapısı kapanmış, bir lokma ekmeğe muhtaç hale gelmişti. Dedi ki:

- Ey Rabbim, bana uzun ömür ve süre verdin. Benim gibi bir hakire büyük lütuflarda bulundun. Yetmiş yıldır isyan edip durduğum halde benden ihsanını kesmedin. Bugün kazancım yok, senin konuğunum. Çengi senin için çalacağım.

Çalgısını omuzuna alıp yola çıktı. Ah çekerek Medine kabristanına doğru yürüdü.

- Allah'tan kiriş parası isteyeceğim, dedi, çünkü o, kapısına halis kalple gelenlerin istediklerini verir.

Bir hayli çeng çaldı, ağladı. Sonra başını yere koydu, çengi yastık yapıp bir mezara yaslandı. Uykuya daldı.

O sırada Allahu Teala, Ömer (r.a.)'e de bir uyku verdi. Buna şaşırdı:

-Bu, alıştığım bir şey değildi, bir sebebi olmalı, dedi. Başını koydu, uyudu. Rüyasında:

- Ey Ömer, diye bir ses duydu, kulumuzu ihtiyaçtan kurtar! Beytülmalden yedi yüz dinar al, mezarlığa kadar gidip o muhterem kulumuzun eline say! Ona şimdilik bununla yetinmesini, bitince yine gelmesini söyle!

Bunun üzerine Hz. Ömer, sesin heybetinden uyanıp sıçradı. Para kesesini koltuğu altına koyup koşarak kabristana gitti. Mezarlıkta bir hayli dönüp dolaştı, fakat çalgıcıdan başkasını göremedi:

- Bu olmasa gerek, deyip bir kere daha arandı, sonunda yoruldu, fakat o ihtiyardan başkasını bulamadı. Kendi kendisine şöyle dedi:

- Hak Teala bana, "Bizim saf, makbul ve mübarek bir kulumuz var" dedi. İhtiyar bir çalgıcı nasıl olur da Allah'ın has kullarından olur? Ne acayip sır!

Bu düşüncelerle bir kere daha mezarlığı kolaçan etti. Orada, ihtiyar çalgıcıdan başka kimsenin olmadığını iyice anlayınca:

- Karanlıklar içinde aydınlık gönüller çok bulunur, dedi.

Gelip, çalgıcının yanı başına oturdu, beklemeye başladı. O sırada aksırdı, bunu duyan ihtiyar uyanıp kalktı. Hz. Ömer'i görünce şaşırıp kaldı. Gitmek istedi, fakat onu bir titreme tuttu, içinden:

- Ya Rabbi, nedir bu, şimdi de devlet yetkilileri gelip çattı, dedi. İhtiyarın utandığını, yüzünün sarardığını gören Hz. Ömer:

- Benden korkma, dedi, çünkü sana Hak Teala'dan müjde getirdim. Sana selam söylüyor, hal ve hatırını soruyor. Şimdilik şu dinarları kiriş parası olarak al, bitince yine gel!

Bunları işiten çalgıcı kendisini yerlere atmaya, elini ısırıp elbisesini yırtmaya başladı:

- Ey Rabbim, utancımdan su kesildim, diye haykırdı. Bir zaman ağladı. Sonra çalgısını yere çarpıp parçaladı:

- Sen benimle Rabbim arasında perde oldun, beni azdırıp saptırdın, dedi. Epeyce bir zaman dövündü. Bunun üzerine Hz. Ömer, çalgıcıya:

- Geçmişin de Allah yolunda perdedir, geleceğin de, dedi; her ikisini de ateşte yak! Ey geçmişinden tövbe etmek isteyen, bu tövbenden ne vakit tövbe edeceksin? Çalgıyı bırakıp ağlayıp inlemeyi mi kıble edineceksin?

Hz. Ömer'i dinleyen çalgıcı ağlamadan da, gülmeden de kurtuldu. Geçmişi, geleceği bıraktı, gönlünü Mevla'ya çevirdi.

i

Hz Aişe (r.a.) ve Gayb Yağmuru

Peygamber Efendimiz (s.a.s.) bir gün ashabıyla birlikte dostlarından birinin cenazesi için kabristana gitti. Mezara toprak attı.

Mezarlıktan dönünce, Hz. Aişe (r.a.)'nin yanına gitti, konuşup görüşmeye başladılar. Hz. Aişe'nin gözü Peygamber Efendimiz (s.a.s.)'in yüzüne ilişince önüne gelip eliyle sarığını, yüzünü, saçını, elbisesini ve kollarını yoklamaya başladı.

Hz. Peygamber (s.a.s.):

- Böyle aceleyle ne arıyorsun, diye sordu. Hz. Aişe (r.a.):

- Bugün hava bulutluydu, yağmur yağdı, dedi, ne acayiptir ki üzerinde yağmur eseri yok. Üstün başın, elbisen ıslanmamış.

- O sırada başına ne örtmüştün, diye sordu Resulullah (s.a.s.)

- Senin ridanı örtmüştüm, dedi Hz. Aişe. Hz. Peygamber (s.a.s.) dedi ki:

- İşte bu yüzden Allah (c.c.) sana gayb yağmurunu gösterdi. O yağmur, sizin bu bulutunuzdan değildir. O başka bir gökten, başka bir buluttandır.

Hz. Aişe (r.a.):

- Ya Rasulallah, bu yağmurun hikmeti neydi, diye sordu

- Bu yağmur, dedi Resulullah (s.a.s.), belalar yüzünden gönüllere çöken elemi yatıştırmak içindi. Eğer Ademoğulları bu gam ve kederler içinde kalsaydı bu dünya harap olurdu, insanların içlerinde azim kalmazdı.

i

Resulullah (s.a.s.) İçin Ağlayan Direk

Hz. Peygamber s.a.s.'in ashabı bir gün:

- Cemaat çoğaldı, vaaz ettiğinde yüzünü göremiyoruz, dediler. Bu yüzden bir minber inşa edildi. Daha önce Hz. Peygamber (s.a.s.)'in dayanıp vaaz ettiği Hannane direği, akıl sahipleri gibi ağlayıp inlemeye başladı. Sahabe-i kiram, Hz. Peygamber (s.a.s.)'in ayrılığının acısına dayanamayan direğin inleme ve ağlamasını işittiler. Hz. Peygamber:

- Ey direk, dedi, ne istiyorsun?

- Bana dayanıyordun, şimdi beni bıraktın, diye cevap verdi, direk.

Bunun üzerine Hz. Peygamber:

- Dilersen seni yemişlerle dolu bir hurma fidanı yapalım. Yahut Allahu Teala seni ahirette bir servi yapsın, ebediyen yeni ve taze kal!

- Baki olanı isterim, dedi direk.

Hz. Peygamber, kıyamet günü insanlar gibi dirilmesi için o ağacı yere gömdü.

Ey gafil, sen de baki ve daim olanı seç, bir ağaçtan aşağı kalma! Felsefeciler, direğin inlemesini inkar ederler. Derler ki:

- İnsanlarda bu tür halüsinasyonlar, hayal görmeler olur. Kimi filozof, cini şeytanı inkar eder; fakat inkar eder etmez onların maskarası olur.

i

Yoksul Bedevinin Hediyesi

Çok önceleri bir halife vardı. Cömertlikte Hatem-i Tai'yi geçmişti, ihsan ve adalet bayrağını yükseltmiş, dünyadan yoksulluğu ve muhtaçlığı kaldırmıştı. Kapısı, hacet kıblesiydi. Cömertliği her yerde duyulmuştu. Her ülke halkı onun cömertliğinden şaşkınlığa düşmüştü.

O devirde yaşayan bir bedevi karısı, bir gece kocasına şöyle dedi:

- Bütün bu yoksulluğu sadece biz çekiyoruz. Herkesin ömrü şen şakrak geçiyor. Yalnız biz kötü durumdayız. Ekmeğimiz yok, katığımız ise dert ve haset. Testimiz yok, suyumuz gözyaşı. Gündüz elbisemiz güneş ışığı, geceleyin döşek ve yorganımız ay aydınlığı.

Açlığımızdan geceleyin parlayan ayı ekmek sanıp elimizi uzatıyoruz. Yoksullar bile bizim fakirliğimizden utanıyorlar. Arab'ın iftiharı savaş ve cömertliktir. Biz savaşsız öldürülmüşüz. Cömertliğe gelince, yoksulluğun etrafında ağ örüp, uçan sineğin damarını sokup kanını emmekteyiz. Bize bir misafir gelsin de gör, gece uyuyunca eşyasına zarar vermezsem insan değilim!

Kocası şöyle cevap verdi:

- Daha ne zamana kadar servet ve gelir isteyip duracaksın? Zaten ömrümüzden ne kaldı ki? Çoğu gitti. Akıllı kişi fazlaya noksana bakmaz, çünkü ikisi de sel gibi geçip gider. Bu alemde nice canlı geçinip gitmekte, rızkını Allah'tan bekleyip haline şükretmektedir. Tatlı yaşayan sonunda acı ölür. Gençken daha kanaatkardın, şimdi altın istiyorsun. Halbuki sen önceden altın idin. Sen eşimsin, işlerin yürümesi için eşlerin aynı huyda olması gerekir. Ayakkabı çiftine bir bak, teki ayağa dar gelirse ikisi de işe yaramaz. Kapı kanadının biri büyük, biri küçük olmaz. Ben kanaat yolunda gidiyorum, sen neden hırs yolunu tutuyorsun?

Adam sabaha kadar karısına ihlasla ve yanık yürekle bu yolda sözler söyledi, nasihatler etti. Fakat kadın inatla bağırmaya başladı:

- Ey namustan başka nesnesi olmayan, bunları bana daha fazla anlatma! Bu tumturaklı sözleri bırak da kendi haline bak, utan! Kibir çirkindir ama fakirlerde daha çirkindir. Senin kanaatten bildiğin sadece bir ad.

Kadın bu kabil sözlerini uzattı. Bedevi dedi ki:

- Ey kadın, fakirlik benim için iftihardır, başıma kakma! Mal ve para baştaki külah gibidir, onu ancak keller giyer. Güzel saçları olansa, külahının gitmesi onu üzmez. Zengin kulağına kadar ayıba batmıştır, fakat malı ayıbını örter. Tamahkârlar tamahları yüzünden zenginin ayıbını görmezler. Yoksulluk senin anlayacağın şey değildir, onu küçümseme! Allahu Teala adildir, yoksulların mal ve mülkten öte rızıkları vardır. Allah Resulü (s.a.s.)'in "Fakirlik övüncümdür" hadisini hiç duymadın mı?! Ey kadın, yoksulluğa sabret, bu gam ve kederi bırak! Dünya en değerli incilerle dolu olsa, nasibin yoksa ben ne yapayım? Kavgayı bırak, kavgayı bırakmayacaksan beni bırak! Gönlüm değil kavgadan, barıştan bile ürkmekte. Susarsan ne iyi, yoksa hemen kalkar, evi barkı bırakır giderim.

Kadın, bedevinin öfkelendiğini görünce ağlamaya başladı. Zaten ağlamak kadınların tuzağıdır. Kocasının hoşuna gidecek sözler söylemeye başladı:

- Ben senden bunu beklemezdim, dedi, ben senin karın değil, ayağının toprağıyım. Yoksulluğa sabredemiyorsam bu da kendim için değil, senin için. Senin muhtaç durumda olmanı istemiyorum. Canım sana kurban, fakat sen hakkımda böyle kötü düşününce canımdan usandım. Eskiden put gibi güzeldim, sen de karşımda puta tapan şaman gibiydin. Şimdi ise acı ayrılıktan söz ediyorsun, ne yaparsan yap, bunu yapma!

Kadın bir taraftan bunları söylüyor, bir taraftan da ağlıyordu. Kadının gözyaşı yağmurundan adeta bir yıldırım zuhur etti, ondan kocasının gönlüne bir kıvılcım sıçradı. Bedevi söylediklerine pişman oldu. Kendi kendine:

- Cananıma nasıl oldu da bunu yaptım, dedi. Karısından özür diledi:

- Ey kadın, sana karşı suçluyum, kusurumu affet, dedi.

Kadınla kocasını, nefsinle aklın bil. Bu ikisi gece gündüz savaştadır. Nefis durmadan evin ihtiyaçlarını sayar döker. Evin şerefim, eve lazım olan ekmeği, yüceliği ister durur. Nefis, kadın gibi gah yüksek perdeden konuşur, gah alttan alır, tevazu gösterir, her şeye bir kulp takar. Akıl ise ancak Allah'ı düşünür.

Bedevi Arap karısına:

- Ayrılıktan vazgeçtim, dedi, emrine tabiyim, söyle, ne istersen yapayım. Çünkü seni seviyorum.

Aşk insanı kör ve sağır eder, denilmiştir.

- Gerçekten beni seviyor musun, yoksa ağzımı mı arıyorsun, diye sordu kadın.

Kocası dedi ki:

- Gizlilikleri bilen ve Adem (a.s.)'ı yaratan Allah hakkı için seni seviyorum. Bu söz bir sınama değil, inanmıyorsan bu sınamamı sına, gücümün yettiğini benden iste! Gönlündekini benden gizleme ki benim gönlümdeki de açığa çıksın!

Karısı:

- Halife cihana bir güneş gibi doğmuş bulunuyor. Bağdat şehri, onun sayesinde bahar gibi olmuş. O padişaha ulaşabilirsen padişah olursun.

Kocası:

- Ben halifenin huzuruna nasıl giderim, dedi, bir bahanesiz yanına nasıl kabul olunurum. Hiçbir sanat aletsiz meydana geliyor mu?

Kadın cevap verdi:

- Kerem sahibi padişah meydana çıkıp halka kendisini gösterince vesileden mahrum oluşun vesilenin kendisi olur. Çünkü vasıta ve alet, benlik davasında bulunmaktır. Asıl hüner alçalmadadır.

- Müflisliğime bir delil gerek, dedi adam, ki halife merhamete gelsin.

- Testimizde yağmur suyu var, dedi kadın, bütün servetin bundan ibaret. Onu halifeye armağan götür. Padişahın hazinesi kıymetli elbiselerle doluysa da bunun gibi bir suyu yoktur. Bu su az bulunur.

Bedevi, kimin böyle bir hediyesi var, diye düşündü. Bu armağanın halifeye layık olduğunu düşünerek gururlanıyordu. Kadın da, Bağdat kenarında şeker gibi Dicle'nin deniz gibi akıp durduğundan habersizdi. Arap, karısına:

- Testinin ağzını kapa, dedi, keçeye sarıp sarmala. Halife orucunu armağanımızla açsın. Çünkü dünyada bunun gibi tatlı su yoktur. Onlar acı ve tuzlu suları içmekten daima hastadırlar.

Bedevi, testiyi alıp yola koyuldu. Gece gündüz onu taşıyordu. Testiye bir zarar gelecek diye ödü kopuyor, korkusundan titriyordu. Kadın da evde seccadesinde dua ediyordu:

- Ya Rabbi, diye niyaz ediyordu, suyumuzu aşağılık insanlardan koru. Bu inciyi o denize ulaştır, incinin binlerce düşmanı olur.

Arap, testiyi hırsızlara çaldırmadan, yere düşürüp kırmadan durup dinlenmeksizin yürüdü, Bağdat'a ulaştı.

Orada herkese açık bir kapı gördü ki, başvuran ihsan ve nimete nail oluyor. Müslüman olsun kâfir olsun kim gelse haceti görülüyor, isteği yerine getiriliyor. Bir topluluk hizmete hazır bekliyor, bir başka topluluk ihsanlara gark olmuş. Kapıdan:

- Ey istek sahipleri, gelin, diye nida edildiğini duydu. Kapıcılar, bedeviyi karşılayıp üzerine lütuf gülsuyunu döktüler.

O söylemeden ihtiyacını anladılar, onların işi istetmeden ihsanda bulunmaktı. Ona:

- Ey asil Arap, dediler, nereden geliyorsun, nerelisin?

- Siz bana değer verirseniz asilim, dedi bedevi, önemsemezseniz asaletim yok. Ben bir garibim, halifenin ihsanını umarak çöllerden geldim. Ben bu kapıya ekmek ümidiyle hediye olarak su getirdim, fakat sizin yüzünüzü görmek bana yetti. Bu armağanı o padişaha götürün, beni ihtiyaçtan kurtarın! Bu tatlı ve lezzetli su, yağmur sularından oluşan gölden alınmıştır. Testi de yepyeni ve güzel.

Halifenin adamları gülmemek için kendilerini zor tuttular. Fakat o armağanı değerli bilip aldılar. Çünkü halifenin güzel huyu onlara da sirayet etmişti. Padişahların huyu halka tesir eder.

Halife bedevinin durumunu duyunca o testiyi altınla doldurttu, ayrıca başka ihsanlarda da bulundu. Armağanlar, elbiseler verdi. Adamlarından birine de:

- Bu testiyi ona ver, dönerken de onu Dicle yoluyla götür. Çöl yolundan gelmiş, fakat Dicle yolu memleketine daha yakın.

Bedevi Dicle'yi görüp gemiye binince utancından iki büklüm oldu. Kendi kendisine:

- O cömert padişahın ihsanlarına şaştım, dedi, o suyu almış olması daha da şaşılacak şey. O cömertlik deryası böyle hakir ve değersiz armağanı nasıl oldu da kabul etti?

Allahu Teala'nın ihsanları yanında, bizim ona sunduğumuz testiler nedir ki!

i

Firavun'un Duası

Hz. Musa, Allahu Teala'nın huzurunda gündüz ağlayıp inlerdi, Firavun ise gece yarısı derdi ki:

- Ya Rabbim, boynumdaki bu demir halka niye? Boynunda halka olmasa kim benlik davasına kalkışır?! Şüphe yok ki Musa'yı nurlandıran takdirin beni de karanlıklara saldı. Onu ay yüzlü, beni de kara yüzlü yaptın! Halk bana tanrı diyor, sultan diye çağırıyor, ama bu beni rüsvay etmekte! Bu eğrilikleri doğrult!

Firavun kendi kendine:

- Ne acayip şey, diyordu, bütün gece "Ey Rabbim" diye yalvarıyorum, tevazu gösteriyor düzeliyorum. Musa'yı görünce neden bir başka hal alıyorum.

İ

Hz. Salih (a.s.)'in Devesi

Salih (a.s.)'in devesi görünüşte deveydi, o zalim kavim, cehaletlerinden onu kestiler. Su için deveye düşman olduklarından kendileri mezara su ve ekmek oldular. Onlar Hakk'ın suyunu Hakk'ın devesinden esirgediler. Salih (a.s.)'in devesi, iyi ile kötü birbirinden ayrılsın diye imtihan oldu. Allahu Teala'nın kahrı, devenin kanına diyet olarak onlardan bütün bir şehri aldı.

O cahil kavim deveyi kesince Hz. Salih:

- Madem ki bu işi yaptınız, dedi, üç gün sonra Allahu Teâlâ'dan azap gelecek. Ondan üç gün sonra da başka bir afet gelecek, onun üç alameti olacak: Hepinizin yüzünün rengi değişecek, birbirinize baktığınızda yüzlerinizi başka başka renklerde göreceksiniz, ilk gün yüzleriniz safran gibi sararacak, ikinci gün erguvan gibi kızaracak, üçüncü günse tamamen kararacak. Ondan sonra da Allah'ın kahrı gelip çatacak. Eğer bu tehdit için delil isterseniz, devenin yavrusunu dağa doğru kovalayın, yakalayabilirseniz derdinize çare bulunur.

Bunun üzerine hepsi birden köpek gibi deve yavrusunu kovalamaya başladılar. Fakat kimse erişemedi, yavru dağlar arasında kayboldu. Salih (a.s.):

- İşte, dedi, Allah'ın kazası geldi, ümitleriniz bitti!

Böylece o zalimler Hz. Salih'in tehdidini beklemeye başladılar. Birinci gün yüzlerinin sarardığını gördüler, ümitsizlik içinde ah çekmeye başladılar, ikinci gün herkesin yüzü kızardı, ümitleri iyice kayboldu. Üçüncü gün hepsinin yüzü kapkara kesildi. Ümitsiz bir halde iki dizleri üstüne çöktüler. Kur'an'da bu diz çökme "Câsimun" ayeti ile anlatılır.

Sen, bela gelmeden diz çök de kurtul!

Salih (a.s.) halvetten çıkıp şehre doğru yürüdü. Şehrin ateş ve duman içinde olduğunu gördü. Cesetleri adeta feryat ve figan ediyordu. Hz. Salih bunu görünce ağlamaya başladı:

- Ey batıl yoldaki kavim, dedi, ben sizin eza ve cefanızı Allah'a şikayet etmiş, ağlamıştım. Allahu Teala, bana, "Onların eziyetlerine sabret," demişti, "Onlara nasihat et. Zaten çok fazla bir süreleri kalmadı." Ben de, "Cefaları yüzünden onlara nasihat edemiyorum" demiştim. Allahu Teala bana, "Lütuf ve inayetimle yaralarına merhem koyarım" buyurmuştu. Bunun üzerine Hak, gönlümden sizin eza ve cefanızı silip süpürdü. Size yeniden nasihat etmeye başladım. Fakat sözlerim size zehir gibi geldi. Nasıl kederleneyim ki? Keder sizdiniz!

Salih (a.s.) kendi nefsine hitap edip:

- Onlar için ah etmeye değmez, dedi. Fakat yine de onda sebepsiz bir merhamet hasıl oldu, gözünden yaşlar akmaya başladı.

Hz. Süleyman (a.s.)'ın Duasının Hikmeti

Hz. Süleyman (a.s.) "Rabbi hebli" demişti. Yani Allahu Teala'nın o saltanat ve mülkü kendisinden başkasına vermesini istememişti. Ondan başkasına bu ihsanda bulunulmamasını niyaz etmişti.

Bu hasede benzer, fakat değildir. O, saltanatta yüzlerce tehlike ve ziyan gördü. Dünya saltanatı, baştanbaşa baş korkusundan ibarettir.

Baş korkusuyla din korkusu gibi bir imtihan daha olamaz. Bunları geçmek için Süleyman himmetli olmak gerek. O saltanatın dalgası onca kuvvet ve kudretine rağmen Süleyman'ın bile nefesini kesiyordu. Bu yüzden bütün cihan sahiplerine acıdı da şefaat etti:

- Bu saltanatı kemal sahibi olana ver, dedi, kime bağışlarsan Süleyman odur, dedi.

Yolun başındakine, kamil velinin yaptıklarını taklit etmek caiz değildir. Helva hekime zarar vermez, ama hastayı harap eder. Soğuk, olmuş üzüme dokunmaz, fakat koruğu yakar. Çünkü koruk henüz kemale ermemiştir, yoldadır.

İ

Nahivci ile Kayıkçı

Arapça dilbilgisi ilminde derinleşmiş bir nahiv alimi bir kayığa binmişti. Bu kendini beğenmiş gramerci, gemiciye dönüp:

- Sen hiç nahiv okudun mu, diye sordu.

- Hayır, diye cevap verdi kayıkçı.

Nahivci:

- Ömrünün yarısı boşa gitmiş, dedi.

Kayıkçı bu söze gücendi, gönlü kırıldı, fakat cevap vermedi sustu. Derken rüzgâr kayığı bir girdaba sürükledi. Kayıkçı o gramer alimine bağırdı:

- Yüzmeyi biliyor musun?

- Hayır, dedi nahivci.

- Öyleyse bütün ömrün boşa gitmiş, çünkü kayık burada batacak. Burada mahiv bilgisi lazım, nahiv bilgisi değil. Eğer bunu biliyorsan korkusuzca denize atla!

i

Kazvinlinin Vücudundaki Dövme

Gövdelerine, kol ve omuzlarına, kendilerine zarar vermeden iğne ile mavi dövmeler yaptırmak Kazvin halkının adetiydi. Bir Kazvinli, dövmecinin yanına gidip:

- Bana bir dövme yap, fakat canımı acıtma, dedi.

- Ne döveyim, diye sordu dövmeci.

- Bir kükremiş aslan resmi olsun, dedi Kazvinli. Talihim aslanınki gibi, onun için aslan resmi olsun. Dövmeyi iyi yapmaya çalış!

- Vücudunun neresine döveyim?

- İki omuzumun arasına..

Dövmeci işine başlayınca, saplanan iğnelerden Kazvinlinin sırtı acımaya başladı:

- Aman usta, diye bağırdı, öldürdün beni!

- Aslan yapmamı istemiştin ya, dedi dövmeci.

- Neresinden başladın, diye sordu Kazvinli.

- Kuyruğundan.

- Aman, kuyruğunu bırak gitsin. Onun kuyruğu ile benim kuyruk sokumum sızladı, iğne yarasından bana fenalık geldi, varsın kuyruksuz olsun.

Dövmeci, aslanın bir başka tarafını yapmaya başladı. Kazvinli yine feryada başladı:

- Şimdi neresini yapıyorsun?

- Kulağını ..

- Bırak, kulağı da olmasın.

Bunun üzerine usta, aslanın bir başka yerini dövmeye başladı. Kazvinli tekrar bağırdı:

- Bu üçüncü iğne ile neresini dövüyorsun?

- Karnını ..

- Çok acıtıyor, bırak karınsız olsun.

Dövmeci şaşırdı, bir süre parmağı ağzında kalakaldı. Sonra iğneyi yere çarpıp:

- Kuyruksuz, kulaksız, karınsız aslanı gören oldu mu, dedi, Allah bile böylesini yaratmamıştır!

Ey kardeş, iğne darbesine sabret ki, nefsinin iğnesinden kurtulasın!

Tilkinin Av Taksimi

Bir aslan, bir kurt ve bir tilki, avlanmak için dağlara çıktılar. Yardımlaşarak av hayvanlarını yakalamayı tasarlamışlardı. Birlikte o geniş kırlarda pek çok av tutmak niyetindeydiler. Aslan, onlarla beraber avlanmaktan utandığı halde yine de onlara yoldaş oldu. Onun gibi bir padişaha emrindeki askerler zahmetti, fakat "Toplulukta rahmet vardır" diyerek onlara katıldı. Kurt ve tilki aslanla birlikte dağlara çıktıklarında işleri yolunda gitti, bir yaban öküzü, bir dağ keçisi ve bir de semiz tavşan yakaladılar. Kan revan içindeki avlarını çekip ormana götürdüler. Kurt ve tilki, av taksiminde aslanla eşit olma tamahına kapıldılar. Aslan onların içinden geçenleri anladıysa da sustu, bir şey söylemedi. Kendi kendine:

- Sizi gidi cimriler sizi, dedi, ben size gösteririm. Benim hükmüme razı olmuyor musunuz? Benim ihsan ve cömertliğim hakkında böyle mi düşünüyorsunuz? Kellelerinizi uçurmazsam bu hatanın ta kendisidir. Dünyayı sizin ayıbınızdan kurtarayım da görsünler.

Aslan bunları düşünerek gülüyordu.

Aslanın gülümsemelerinden emin olma! Dünya malı, Hak Teala'nın gülümsemelerindendir.

Aslan:

- Ey kurt, dedi, adaleti sağla, pay etmede benim vekilim ol da bunları paylaştır.

- Padişahım, dedi kurt, bu dağ öküzü senin payın, çünkü o iri, sen de büyük ve çeviksin. Keçi orta irilikte olduğu için o da benim. Tilki de tavşanı alsın, tavşan tam ona göre.

- Ne dedin, diye kükredi aslan. Sen ne köpek oluyorsun da benim gibi aslanın huzurunda kendinde varlık görüyorsun. Ey kendini beğenmiş eşek, buraya gel!

Aslan, kurt önüne gelince bir pençe darbesiyle onu parçaladı, derisini yüzdü. Kurt, aslanın önünde kendisini ölü saymadığı için ölmüştü. Aslan bu sefer de tilkiye dönüp:

- Haydi, bunları sen pay et, dedi.

Tilki, aslanın önünde yere kapanıp:

- Öküz, kuşluk yemeğiniz. Keçi de öğleyin padişahım için iyi bir yahni olur. Tavşan da şevketlinin akşam yemeğidir.

- Aferin, adaleti sağladın! Bu şekilde paylaştırmayı nereden öğrendin?

- Padişahım, kurttan..

- Alçak kurttan ibret aldığın, kendini yok saydığın için gözüme girdin. Al bunların üçü de senin olsun!

Tilki kendi kendine:

- İyi ki aslan paylaştırma teklifini önce kurda yaptı. Yoksa canımı kurtarmam imkansızdı, diye düşündü. Şükürler etti.

Bizden de Allahu Teala'ya şükürler olsun ki, bizi önceki helak olanlardan etmedi. Onların nasıl helak olduklarını duyduk.

O tilki gibi biz de boğazımızı az düşünelim, hile yoluna sapmayalım. Tamahı bırakıp doğru yola gelirsek avlar bizimdir.

Kapıyı Çalan Dost

Bir adam, bir dostunun evine gelip kapısını çaldı. Dostu:

- Kapıyı çalan kim, diye sordu.

- Benim, dedi adam.

- Git, burası ham kişinin yeri değil! Hamı ancak ayrılık ateşi pişirebilir.

Adam çekip gitti, tam bir yıl ayrılık ateşiyle yandı. Sonra döndü geldi, dostunun evi etrafında dönmeye başladı. Ağzından edep dışı bir söz çıkmasın diye korku içinde kapıya yaklaştı, ürkerek çaldı. Dostu:

- Kimdir o, diye sordu.

- Ey dost, dedi adam, sensin.

- Madem ki bensin, ey ben, gel içeri. Ev dar, iki kişiye yetmiyor. İğneye geçirilecek iplik iki tane olunca geçmez. Kendi varlığını yok say ki dosta ulaşasın!

Hz. Yusuf (a.s.)'un Konuğu

Çok uzak diyarlardan gelen bir dostu Hz. Yusuf'a misafir oldu.

Çocukluklarından beri birbirlerini tanımaktaydılar. Sohbet sırasında, Yusuf a.s.'a kardeşlerinin yaptıkları cefa ve hasetleri de konuşuldu. Yusuf (a.s.):

- Onların haset ve ezaları zincirdi, dedi, biz de aslandık, zincire vurulmuştuk. Allah'ın kaza ve kaderinden şikayetçi değiliz.

- Kuyuda ve zindanda halin nasıldı, diye sordu konuğu.

- Ay, bedir halinden sonra küçülmeye başlar, görünmez hale gelir, fakat sonra yine önceki haline döner. Buğdayı toprak altına atarlar, ama sonra ondan başaklar çıkar.

Yusuf a.s. başından geçenleri anlattıktan sonra misafirine:

- Bize hediye olarak ne getirdin, diye sordu.

Onun böyle sorması hikmetten hali değildi. Dostları görmeye eli boş gidilmez. Cenabı Hak bile mahşerde kullarına kıyamet günü için ne hediye getirdiklerini sorar. Yiyip içmeyi, uyumayı azaltıp hediye hazırlamak, seherlerde istiğfar etmek gerek.

Getirdiği hediye sorulunca konuk, utanıp ah etmeye başladı:

- Sana layık bir armağan bulamadım, dedi, bir katreyi alıp da nasıl ummana götürebilirim?! Sana bir ayna getirmeyi uygun gördüm. Ona baktıkça kendi güzel yüzünü görürsün.

Güzeller ayna ile meşgul olur. Varlığın aynası yokluktur. Noksanlık, kemal vasfının aynasıdır. Hastalar olmasa tıp sanatının güzelliği nasıl anlaşılır?!

i

Vahiy Katibinin Edepsizliği

Hz. Peygamber s.a.s.'in Hz. Osman'dan önce bir katibi vardı, vahyi yazmağa çalışırdı. Hz. Peygamber s.a.s. kendisine inen ayetleri okuyunca o hemen yazardı. Vahyin aydınlığı katibe vurunca gönlünde bazı hikmetler doğmaya başladı. Peygamber Efendimiz s.a.s. de onun içine doğanları söylerdi. Bundan dolayı o katip kendi kendisine:

- Peygamber ne söylüyorsa aynısı benim de gönlüme doğuyor, demeye başladı.

Bundan dolayı yoldan çıktı. Hem katiplikten ayrıldı, hem dinden. Kinlenip Hz. Peygamber (s.a.s.)'e ve dine düşman oldu. Hz. Peygamber (s.a.s.):

- Nur senden idiyse niçin şimdi kapkara kesildin, dedi, Eğer Hak ırmağının kaynağı olsaydın böyle bir kara suyun yolunu açmazdın.

Katip, insanlar için şerefinin ayaklar altında çiğnenmemesi için ağzını kapadı, sustu, içten içe yanıp yakılıyor, fakat tövbe de etmiyordu.

Allah, ar ve hayayı görünmez bir bağ yapmıştır. Nice kişiler onlarla bağlıdır. Nice kâfirler vardır ki, din sevdasındadırlar. Onun için Hak Teala, "Onların boyunlarına demir halkalar taktık, başlarını yukarı kaldırmışlardır, indirmezler" buyurmuştur. O kibirleri gizli bir zincirdir.

i

Sağırın Hasta Ziyareti

Sağır bir adama, komşusunun hasta olduğunu haber verdiler.

Adam kendi kendisine:

- Bu sağır kulakla hastanın sözlerini nasıl anlayacağım, dedi. Hele de hastalıktan sesi iyice yavaş çıkıyorsa. Fakat ziyaret etmek de lazım. Dudağını oynattığını görünce ne dediğini kıyas yoluyla düşünür anlarım. "Ey benim dertlere düşmüş dostum, nasılsın?" derim, o da tabi ki, "İyiyim, çok şükür" diyecek. Ne yiyip içtiğini sorarım, mesela "Mercimek çorbası" diye cevap verir, ben de "Afiyet olsun!" derim. Hangi hekime tedavi olduğunu sorarım, o da "filanca" der, ben de "Ayağı çok uğurludur, geldi mi işin tıkırında demektir. Onu biz de denedik, nereye vardıysa maksat hasıl oldu" diye karşılık veririm.

Adam, kıyas yoluyla hazırladığı cevaplarını düşünerek hastanın hal ve hatırını sormaya gitti.

- Nasılsın, dedi.

- Öldüm, bittim.

- Oh ne âlâ, çok şükür.

Hasta bu cevaba kızdı, canı bir hayli sıkıldı.

- Anlaşıldı, bu adam benim kötülüğümü istiyor, halime seviniyor, diye düşündü.

- Ne yiyip içiyorsun, diye sordu ziyaretçi. Canı sıkkın olan hasta:

- Zehir zıkkım, diye cevap verdi. Adam, daha önceden tasarladığı gibi:

- Afiyet olsun, dedi. Hasta buna daha çok içerledi.

- Tedavi için hangi hekim geliyor, diye sordu ziyaretçi. Hasta öfkeyle:

- Def ol başımdan, dedi, Azrail geliyor.

- Ayağı pek uğurludur, dedi adam, sevin, neşelen!

Sağır adam, vazifesini hakkıyla yaptığını, komşuluk hakkını gözettiğini düşünerek sevinçle dışarı çıktı. Hasta ise:

- Bu adamı tanıyamamışım, meğer can düşmanımmış, diyordu. Aklına bir yığın kötü şeyler geliyor, ona haber gönderip dersini vermeyi kuruyordu.

- Bu ağzı bozuk köpek nerde ki cevabını vereyim, diyordu, o zaman hastalığımdan cevap vermek aklıma gelmedi. Benim acınacak halimi görüp keyiflenmek istemiş.

Sağır adamın yaptığı kıyas yüzünden on yıllık dostluk yıkılıp gitmişti, ilk kıyas yapan Şeytandı. "Kuşkusuz, ateş topraktan daha iyidir," dedi, "ben ateşten, o topraktan yaratıldı." Allah-u Teala (c.c.) ise, "Hayır, soy sop yok," buyurdu, "takva ve zühd, faziletin mihrabıdır."

İ

Bizanslı ve Çinli Ressamlar

Çinliler ve Bizanslılar ressamlık konusunda iddialaştılar. Çinliler:

- Biz daha mahir ressamlarız, dediler,

- Hayır, biz daha üstünüz, diye karşılık verdi Bizanslılar. Çinli ve Bizanslı ressamlar yarışmak için hazırlandılar. Bizanslılar resim sanatında daha ileriydiler. Çinli ressamlar:

- Bize özel bir oda verin, bir oda da sizin olsun, dediler.

Kapıları karşı karşıya iki oda mevcuttu. Birini Çinliler, diğerini de Bizanslılar aldı. Çinliler yüz çeşit boya istediler, hükümdarın emriyle onlara her sabah boya verilmekteydi. Bizanslılar ise boya istemediler, kapıyı kapayıp duvarı cilalamaya başladılar, saf ve berrak hale getirdiler.

İki yüz renge boyanmaktansa renksizlik daha iyidir.

Çinli ressamlar çok güzel bir resim yaptılar. Eserlerinden dolayı sevinmekteydiler. Hükümdar kapıdan girip yaptıkları resmi gördü, olağanüstü güzellikteydi. Ardından Bizanslı ressamların odasına girdi. Bir Bizanslı ressam, karşı odayı görmeye engel olan perdeyi kaldırdı. Çinli ressamların yaptıkları resim bu odanın cilalı duvarına aksetti. O resim bu duvarda daha iyi göründü.

Sûfîler Bizanslı ressamlardır. Bunların ezberlenecek kitapları yoktur, fakat gönüllerini cilalamışlar, hırstan, cimrilikten ve kinden arındırmışlardır. Gönüllerine hadsiz hesapsız görüntüler akseder.

İ

Zeyd Bin Harise (r.a.)

Hz. Peygamber (s.a.s.) bir sabah Zeyd bin Harise (r.a.)'a:

- Nasıl sabahladın, diye sordu.

- Mümin bir kul olarak, diye cevap verdi Zeyd.

- Bunun alameti nedir?

- Gündüzleri susuz, geceleri uykusuz kaldım.

- Peki bu sana nasıl bir anlayış kazandırdı, diye sordu Hz. Peygamber (s.a.s.)

- İnsanları, dedi Zeyd, değirmendeki buğdayı arpadan ayırır gibi tanıyabiliyorum. Yılanla balık bana aşikar. Hemen simdi söyleyeyim mi, yoksa susayım mı?

Hz. Peygamber (s.a.s.) dudağını ısırarak susmasını işaret etti. Fakat o devam etti;

- Ey Allah'ın Resulü, sırları söyleyeyim de kıyameti koparayım mı? Halis altınla sahte parayı açıklayayım mı? Bu söylediklerim işaretlerden ibaret, daha açık söylerim ama Hz. Peygamberi incitmekten korkuyorum.

Hz, Peygamber (s.a.s.) dedi ki:

- Kendine gel, fazla ileri gittin! Ayna kılıftan çıktı, aynayı koynuna koy!

- Ezeli güneş hiç koltuğa sığar mı, diye karşılık verdi Zeyd.

- Bir parmağım gözünün üstüne koydun mu, dedi Hz. Peygamber (s.a.s.), dünya güneşsiz görünür. Bir parmak bile güneşe ve aya perde olur. İşte bu, Allahu Teala'nın ayıp örtücülüğüne alamettir. Dudağını yum!

Sırlar gizli kalmalı, herkesin kendi zannından memnun olması daha iyi. Sırlar gizli kalmalı ki, insanlar korku ve ümitle Allahu Teala'ya ibadet etmeye devam etsinler!

Lokman (a.s.)'a Atılan İftira

Lokman (a.s.), bir köleydi. Efendisinin diğer köleleri tarafından hor ve hakir görülürdü. Efendi, meyve getirmeleri için kölelerini bağa gönderdi. Köleler tamaha kapılıp, topladıkları meyveleri yediler. Sonra da efendilerine:

- Lokman yedi, dediler.

Efendi, Lokman (a.s.)'a surat ekşitti, soğuk bir tavır takındı. Lokman (a.s.) bunun sebebini araştırdı, öğrenince dargın bir şekilde:

- Ey efendi, dedi, hainler Allah'ın rızasını kazanamazlar, Hepimizi imtihan et, fazlasıyla sıcak su içir, ondan sonra bizi büyük bir sahrada yaya olarak koştur. Sen de atınla bizi takip et! O zaman kimin ne yaptığını gör!

Bunun üzerine efendi, kölelerine sıcak su içirdi. Köleler korkularından içtiler. Sonra da onları kırlarda koşturmaya başladı. Nihayet iyice yoruldular, kusmaya başladılar, içtikleri su yüzünden yedikleri bütün meyveler dışarı çıktı. Lokman (a.s.)'ın ağzından ise halis su geldi.

Lokman (a.s.)'ın hikmeti bunu açığa çıkarırsa, her şeyi yaratan Allahu Teala'nın hikmeti neleri açığa çıkarmaz! Kıyamet günü bütün sırlar açığa çıkacak, bilinecek.

i

Hz. Süleyman (a.s.)'ı Gören Genç

Gencin biri su kenarında balık tutan birisini gördü.

- Bu, Süleyman (a.s.) olmalı, dedi, eğer Süleyman (a.s.) ise neden yalnız ve gizlenmiş, değilse ona bu kadar nasıl benziyor?

Gönlündeki bu şüphe devam etti durdu.

Nihayet onun tahtında oturan cin yıkılıp gidince, Hz. Süleyman (a.s.) yüzüğünü yine parmağına taktı, cinleri yine emri altında etrafına topladı. Halk onu görmek için kapısına geldiler, genç de onların arasındaydı. Süleyman (a.s.)'ın yüzüğünü parmağında görünce gönlündeki şüphe yok oldu.

Şüphe, işin gizli kapalı olduğu zamandadır. Gayba ait şey açığa çıkınca şüphe ortadan kalkar. Gayba imanın fazileti, görünen şeye imana nispetle yüz kattır, iman ve ibadet şimdi makbuldür, ölümden sonra her şey açığa çıkınca inanmak faydasızdır.

i

Hz. Ömer (r.a.) Zamanındaki Yangın

Hz. Ömer (r.a.) zamanında Medine'de bir yangın çıktı. Taşlar bile kuru ağaç gibi yanmaktaydı. Evler ve binalar, hatta kuş yuvaları bile yanmaya başladı. Şehrin yarısı alevler içinde kaldı. Halk kovalarla yangına su ve sirke döküyorlar, fakat alevler daha da büyüyordu. Ahali Hz. Ömer'in yanına gelip:

- Yangın suyla sönmüyor, dediler.

- O yangın, dedi Hz. Ömer (r.a.), Allah'ın alametlerindendir. Sizin cimrilik ateşinizden bir parçadır. Suyu bırakın, yoksullara ekmek dağıtın!

Halk:

- Bizim kapılarımız yoksullara açık, dediler, cömert kişileriz.

- Siz fakirlere adet olduğu için yiyecek verdiniz, bunu Allah (c.c) için yapmadınız. Gösteriş ve övünme için cömertlik ediyorsunuz. Allah'tan korktuğunuz için değil.

Herkes, kendi yakınlarına cömertlik eder, nadanlar da böylece bir iyilik yaptıklarını sanırlar.

İ

Hz. Ali (r.a.)'nin İhlası

Hz. Ali k.v. savaş sırasında düşmanını yere düşürdü, kılıcını çekip saldırdı. Bunun üzerine adam, Hz. Ali'nin yüzüne tükürdü, o da derhal kılıcını geri çekti. Düşmanı, buna şaşırdı:

- Kılıcını neden indirdin, dedi, ne gördün ki beni öldürmekten vazgeçtin?

- Ben seni Allah için öldürmek istiyordum, heva ve hevesim için değil. Senin yüzüme tükürmenden bana bir vesvese geldi, kılıcı gizlemeyi uygun gördüm. Öyle bir hale gelmiştim ki savaşımın yarısı Allah (c.c.) içindi, yarısı da nefsim. Halbuki Allahu Teala'ya ibadette ortaklık olmaz.

Bunun üzerine adam insafa gelip:

- Seni zamanın en yüce insanı gördüm, dedi, bana kelime-i şehadeti söyle de Müslüman olayım.

Onunla beraber akraba ve kavminden elli kişiye yakın kimse daha Müslüman oldu.

Hilm kılıcı demir kılıçtan daha keskindir.

Nefsan öfke hükümdarlara bile hükümdarlık eder, fakat yüce kişilere köledir.

İ

Hz. İsa (a.s.) ve Yoldaşı

Ahmak bir adam Hz. İsa (a.s.) ile yoldaş oldu. Gözüne yol üstündeki kemikler çarpınca:

- Ya İsa, dedi, ölüleri diriltmek için okuduğun ism-i azamı bana da öğret ki ben de okuyup kemiklere can vereyim, iyilik yapayım! Hz. İsa (a.s.):

- Bu, sana göre değil, dedi, bunun için meleklerden daha yüksek bir idrake sahip olman gerekir. Eline Musa (a.s.) gibi asa istiyorsun ama, onun eli nerde, seninki nerde?!

- Ya Rabb", dedi İsa (a.s.), bu adam neden kendi derdiyle uğraşmıyor? Neden kendi canının derdine düşmüyor? Kendi ölüsünü bırakıyor da yabancı bir ölüyle uğraşıyor?

Allahu Teala (c.c.):

- Diken eken ancak yeşermiş taze diken elde edebilir, buyurdu. Bunun üzerine Hz.İsa, o kemiklere ism-i azam'ı okudu, Allahu Teala da o kemiklere can verdi, oradan kara bir aslan sıçradı, gelip o ahmağa saldırdı. Gencin kellesi koptu, beyni dışarıya aktı.

Hz. İsa (a.s.) aslana:

- Onu neden parçaladın, dedi.

- Sen onun yüzünden sıkılmış bunalmıştın, onun için.

- Öyleyse neden kanını içmedin?

- Ey Mesih, dedi aslan, benim rızkım değildi. Bu avlanma bir ibret içindi. Eğer benim rızkım olsaydı, hiç ölür müydüm ben?! Bir peygamberi bulup da ölü gönlünü unutup kemiğin diriltilmesini isteyenin layığı budur!

Aklını başına topla, köpek nefsinin dirilmesini isteme! Madem köpek değilsin, peki neden kemiğe aşıksın?! Ey başkaları için ağlayan göz, biraz da kendine ağla!

i

Sûfinin Hayvanı

Sûfilerden biri seyahate çıkmıştı, bir gece bir tekkeye misafir oldu. Merkebini ahıra bağladı, kendisi de dostlarıyla sofanın baş köşesine geçti oturdu, murakabeye daldı. Tekkedeki dervişlerin zikir ve murakabeleri sona erdikten sonra misafire yemek getirdiler. O zaman konuğun aklına hayvanı geldi. Hizmetçiye:

- Ahıra git de eşeğe saman ve arpa ver, dedi.

- La havle, diye cevap verdi hizmetçi, bu nasıl söz! Ben işimi bilmiyor muyum?!

Arpayı önce ıslat, dedi sûfi, çünkü eşek yaşlı, dişleri çürük.

- La havle, dedi hizmetçi yine, ey büyük zat, bunu söylemene ne lüzum var, bu işleri herkes benden öğreniyor.

- Önce semerini indir, sırtına ilaç sür!

- La havle, senin gibi yüz binlerce misafirim oldu benim, hepsi de buradan hoşnut ayrıldılar.

- Suyu da ılık olsun!

- La havle, beni küçük düşürüyorsun, utandırıyorsun!

- Altını süpür de taş toprak kalmasın. Yeri ıslaksa biraz kuru toprak serp!

- La havle, ey efendi, "la havle" de! Arife tarif gerekmez.

- Merkebin sırtını tımar et!

- La havle, utan artık baba!

Hizmetçi böyle söyleyip eteğini topladı ve beline sardı:

- İşte gidiyorum, dedi, önce arpa ve saman getireyim.

Hizmetçi çıkıp gitti, fakat çıkmasıyla ahırı unutması bir oldu. Birkaç işsiz güçsüzün yanına gitti çene çalmaya, sûfinin sözleriyle alay edip gülmeye başladı. Bu arada sûfi de yorgunluktan uyuklamaya başladı. Rüyasında eşeğini gördü. Bir kurda sataşıyor, kurt da onu sırtından ve oyluğundan paralıyordu. Uyandı:

- La havle, dedi, bu nasıl rüya, acaba o merhametli hizmetçi nerede kaldı?

Tekrar uykuya daldı. Bu defa da eşeğinin yolda bazen bir kuyuya, bazen bir hendeğe düştüğünü gördü. Hizmetçiden şüphelenmeye başladı:

- Bu hizmetçi benden ne kötülük gördü ki, diyordu. Sonra da şöyle düşünüyordu:

- İnsan yılan ve akrebe ne yaptı ki hep onu sokup öldürmek istiyorlar?! insanın yaratılışında haset vardır.

Bu tür düşüncelerin ardından da kendini suçluyordu:

- Niye kardeşim hakkında suizanda bulunuyorum ki.. Sonra da kendi kendine şöyle düşünüyordu:

Bu suizan da tedbire sarılmaktır ..

Sûfi bu tür vesveseler içinde kıvrana dursun, öte yanda zavallı eşek taş toprak içinde, semeri ters dönmüş halde, yorgun ve aç yatmaktaydı. Sabah olunca hizmetçi hemen gelip semeri düzeltti, sonra da eşeğin sırtına birkaç sopa vurdu. Eşek sopanın şiddetinden sıçrayıp kalktı.

Sûfi üzerine binip yola çıkınca merkep ikide bir yere kapaklanmaya başladı. Her düşüşünde yolcular başına üşüşüyor, ayağa kaldırıyorlardı. Onu hasta sandıkları için kimisi kulağını buruyor, kimisi yara var mı diye ağzını yokluyor, kimisi ayağının altında taş arıyor, kimisi de gözlerini inceliyordu. Sûfiye dediler ki:

- Ey derviş, dün bu eşeğin sağlam ve kuvvetli olduğunu söylemiyor muydun, nedir bu hali?

- Geceleyin "La havle" yiyen eşek, gündüz ancak böyle yol alır. Eşek gece tespih çekip durursa gündüz de secde eder.

İnsanların çoğu insan yiyicidir, onların "La havle"lerinden, selamlarından emin olma! Kötü dostun güler yüzüne, hürmetine, hilesine kanma; tuzaklara dikkat et! Kimsesizlik ve yalnızlık, adam olmayanların sahte hürmetinden iyidir.

Toprak bedenini kendine yabancı bil! Miski tene sürme, gönle sür. Misk, Allahu Teala'nın adıdır; onun adı sırf dilinde olmasın, gönlünde olsun!

Yılancının Duası

Hırsızın biri, bir yılan oynatıcısının yılanını çaldı. Aptallığından onu ganimet gibi görüyordu. Yılan onu soktu, adam ağlayıp inleyerek öldü.

Yılancı, hırsızın cesedini görüp tanıdı.

- Onu benim yılanım öldürdü, dedi, bu adamı bulayım da yılanımı geri alayım diye dua edip duruyordum. Gönlüm, yılanımı bulmayı istiyordu. Allah'a şükürler olsun ki duam kabul edilmedi. Duamın kabul edilmeyişini kötü bir şey sandım ama aslında benim menfaatimeymiş.

İnsanın yaptığı nice dualar vardır ki, zarar ve ziyanın, mahvolmanın ta kendisidir. Allahu Teala onları kereminden kabul etmez.

İ

Padişahtan Kaçan Doğan

Padişahlardan birinin avlanırken kullandığı doğan kaçıp un eleyen bir kocakarının çadırına sığındı. Kadın çocuklarına yemek yapmaya uğraşırken o güzel doğanı görünce tutup ayağını bağladı. Sonra da kanatlarını ve tırnaklarını kesti. Yemesi için de önüne saman koydu:

- Bu işi bilmeyenler sana iyi bakamamış, dedi, kanatların haddini aşmış, tırnakların uzamış. Ehil olmayanlar seni hasta ederler.

Cahilin dostluğu işte böyledir.

Padişah bütün gün doğanını aradı. Nihayet o kadının çadırını gördü. Doğanın orada toz toprak içinde yattığını görünce ona bakıp ağlamaya başladı:

- Bize karşı vefalı olmadığın için bu durumu hak ettin aslında. Cehennem ehliyle cennet ehlinin eşit olmadığını unutarak cennetten kaçtın da cehenneme sığındın.

Doğan, kanatlarını padişahın eline sürmekte, hal diliyle:

- Ey padişahım, demekteydi, sen iyilerden başkasını kabul etmezsen, benim gibi kötüler nereye gitsin?! Senin lütfün bana bu cüreti vermektedir.

Yaptığın ibadeti, hayr ü hasenatı Allahu Teala'ya layık sanıp da cürüm bayrağını yükseltme! Senin iyiliklerin bile O'nun huzurunda çirkin görünmektedir. Haddini bil, gurur ve kibre kapılma!

İ

Borçlu Şeyh

Şeyhlerden Ahmed-i Hadraveyh cömertlikle tanınmıştı, bu yüzden de daima borçluydu. Zenginlerden yüzlerce altın borç almış yoksullara dağıtmıştı. Borçla bir de tekke kurmuştu. Canını, malını ve tekkesini Allah (c.c.) uğrunda feda etmişti. Allah (c.c.) lütfuyla borcunu öderdi.

Borçlu şeyh, vazifesi buymuş gibi yıllarca birilerinden borç alıp halka dağıttı. Ölüm günü için hazırlık yapmaktaydı. Ömrü sona erip de vücudunda ölüm alametleri belirince alacaklılar etrafına toplandı. Şeyh mum gibi eriyip gitmekteydi.

Alacaklıların ümidi kesildi, suratları asıldı, iyice kederlendiler. Şeyh:

- Şu suizancılara bak, diyordu, Allah'ın dört yüz dinar altını mı yok?

O sırada bir çocuk dışarıda helva satmak için bağırmaya başladı. Şeyh, başıyla hizmetçiye, helvayı alıp alacaklılara yedirmesi için işaret etti. Hizmetçi helvanın hepsini almak için dışarı çıktı.

- Bu helvanın tamamı kaç para, diye sordu.

- Yarım küsur dinar, dedi çocuk.

- Hayır, dedi hizmetçi, sûfilerden çok isteme. Sana yarım dinar veriyorum.

Hizmetçi helvayı bir tepsiye koydurdu ve getirip Şeyh'in önüne bıraktı. Şeyh, helvayı yemeleri için alacaklılara işaret etti. Helva bitince çocuk tepsisini aldı:

- Ey Şeyh, dedi, paramı verin!

- Parayı nerden bulayım, dedi şeyh, üstelik borçluyum da, ölümüm de yaklaştı. Çocuk üzüntüsünden tepsiyi yere çarptı, ağlamaya başladı.

- İki ayağım kırılsaydı da bu tekkenin önünden geçmeseydim, diye feryat ediyordu. Eğer ustamın yanına eli boş gidersem beni mutlaka öldürür.

Bunun üzerine alacaklılar da söylenmeye başladılar:

- Ey Şeyh, dediler, bu nasıl iştir, bizim malımızı yedin, borçlu öleceksin. Hal böyleyken başka bir zulmü neden yaptın?

Çocuk ikindi namazı vaktine kadar ağladı. Şeyh ise gözünü yummuş, etrafla ilgisini kesmişti. Oradakiler kendi aralarında üçer beşer kuruş toplayıp çocuğun parasını verebilirlerdi, fakat yapmadılar. O sırada hizmetçi, dolu bir tabağı getirdi, Şeyh'in önüne koydu. Tabağın üstünden örtü kaldırılınca bir köşesinde dört yüz dinar, diğer köşesinde de kâğıda sarılı yarım dinar bulunduğunu gördüler. Altınları, Şeyh'in halini bilen cömert bir zengin göndermişti. Alacaklılar:

- Ey şeyhlerin şeyhi, dediler, biz anlayamadık, söylenip durduk, hezeyanlarda bulunduk, affet!

- Bütün o sözlerden dolayı hakkımı helal ettim, dedi Şeyh. O yarım dinar gerçi az bir paraydı, fakat gelmesi çocuğun ağlamasına bağlıydı. Helva satan çocuk ağlamasaydı Allah'ın rahmet denizi coşmazdı.

Allahu Teala (c.c.) birisini ağlatırsa rahmeti coşar, ağlayan da nimete nail olur!

i

Ağlayan Zahid

Bir zahide, dünya meşgalesine dalmış bir dostu:

- Az ağla ki gözün bozulmasın, dedi. Zahid, ona şöyle cevap verdi:

- İki şeyden başkası olmaz, göz o cemali ya görür ya da görmez. Eğer Hakk'ın nurunu görürse ne gam, bunun için iki gözü feda etmeye değer. Yok eğer göremeyecekse, böyle gözün kör olması daha iyidir.

Ağaç, ağlayan bulut sayesinde yeşerir. Mum, ağlamakla daha aydınlık bir hale gelir.

i

Aslanı Öküz Sanan

Köylünün biri öküzünü ahıra bağlamıştı. Aslan ahıra girip öküzü yedi, geçip yerine oturdu. Köylü geceleyin ahıra gelip el yordamıyla öküzünü aramaya başladı. Öküzü sanarak aslana elini sürmeye, sırtını okşamaya başladı. Aslan:

- Gündüz olsaydı ödü patlardı, diyordu kendi kendine, fakat şimdi gece vakti. Karanlıkta beni öküzü sanıp pervasızca kaşıyor.

Cenab-ı Hak da:

- Ey mağrur kör, buyuruyor, Tur Dağı benim adımdan paramparça olmadı mı? Eğer biz kitabımızı dağa indirseydik parçalanır, yerinden kopardı.

Eşeği Satılan Sûfi

Seyahat etmekte olan bir sûfi bir tekkeye konuk oldu. Eşeğini de kendi eliyle ahıra götürdü, suyunu ve yemini bizzat kendisi verdi.

İhtiyatlı davrandı, fakat kaza gelince ihtiyatın ne faydası vardır?! Tekkedeki dervişler yoksulluk içinde kıvranıyorlardı. Yoksulların haline acı, çünkü fakirlik neredeyse küfre eş olacaktı.

O dervişler eşeği satmak için aralarında anlaştılar. Aldıkları kararı hemen uyguladılar, eşeğin parasıyla yiyecek aldılar, mumlar yaktılar. Bu gece yemek var, sema var diye tekkede velvele koptu:

Şayet Evi

Yabancı bir adam, oturmak için ev arıyordu. Bir dostu onu yıkık bir eve götürüp dedi ki:

- Şayet tavanı olsaydı, benim yanı başımda otururdun. Şayet bir odası daha olsaydı çoluk çocuğun rahatça sığardı.

Adam cevap verdi:

- Evet, dostlara komşu olmak iyi, fakat "şayet"te oturmak mümkün değil.

Firavun'un Şaşkınlığı

Firavun, kaderi değiştirmek, kazayı savuşturmak istiyordu. Kaza da o hilekâra kıs kıs gülmekteydi.

Allahu Teala'nın hükmünü iptal etmek için binlerce çocuk öldürttü. Böylece Musa (a.s.)'nın zuhuruna engel olmak istiyordu. O kadar zulüm yapmasına, bunca kan dökmesine rağmen Hz. Musa yine de doğdu. Eğer Allahu Teala'nın güç ve kudretini anlasaydı bunu yapamazdı.

Musa (a.s.) onun sarayında rahatça yaşadığı halde o, dışarıda nice çocuğu öldürttü.

Nefsine hizmet edip başkalarının kendisine düşmanlık ettiğini sanan kişi, "Falan benim düşmanım, şu bana haset ediyor" der de, kendisine asıl düşmanlık edenin nefsi olduğunu bilmez. Düşmanını nimetlerle besler de başkalarına kin güder.

İki Köle

Bir padişah ucuza iki köle satın almıştı. Onlardan biriyle biraz konuştu. Onu anlayış sahibi, zeki ve tatlı sözlü buldu. Köle düşünmeden öyle sözler söylüyordu ki, başkaları belki beş yüz defa düşünmeden söyleyemezlerdi.

Bunun üzerine padişah ikinci köleye de:

- Buraya gel, diye emretti.

Köle geldi, fakat dişleri kapkaraydı, ağzı da kokuyordu.

- Seninle uzaktan konuşmak gerek, dedi padişah, biraz ilerde dur. Şimdi birkaç hikâye anlat da dinleyelim.

Öteki köleye de:

- Hamama git de yıkan, deyip onu gönderdi.

Sonra kara dişli köleye dönüp:

- Sen akıllı birisin, dedi, yüz köleye değersin. Arkadaşın senin hakkında çok kötü sözler söyledi, fakat sen hiç de dediği gibi değilsin. O hasetçi, az kalsın beni senden soğutuyordu. Senin hırsız, ahlâksız, münasebetsiz, doğru olmayan bir adam olduğunu söyledi.

- Padişahım, dedi köle, o daima doğruyu söyler. O adam beni kötü biliyorsa, aslı yoktur diyemem. Olabilir ki bende bazı ayıplar görmüştür de, ben onları kendimde görememişimdir.

- Şimdi sen de onun ayıplarını söyle, dedi padişah, ki senin başına karşı samimi olduğunu bileyim.

- Kusurlarını söyleyeyim: Sevgi, vefa, insanlık, dürüstlük ve dostluk. En önemsiz kusuru ise cömertliktir. Bir kusuru da kendisinde kusur arayıp durmasıdır. Kendi ayıbını arar, herkesle dosttur da kendisiyle değildir.

- Arkadaşını bu kadar da övme! Onu imtihana çekersem ilerde utanırsın.

- Allah'a yemin olsun ki, arkadaşım benim söylediklerimden yüz kat üstündür. Ben bildiklerimi söyledim.

- Şimdi de kendinden bahset! Sen ne elde ettin? insanlıktan mı bir cevhere sahipsin, yoksa eşeklikten mi? Araz bir anlıktır, baki kalmaz, yok olur gider. Bostan ekmek arazdır, mahsul cevher. Senin o köleyi övmen arazdır.

- Padişahım, arazlar, başka bir surete bürünür, tebeddül eder, başka bir şekle bürünüp var olur. Evlere, köşklere bak, bunlar mühendisin tasavvurlarından başka bir şey değil. Mühendisin zihnindeki o araz, o düşünce alet ve edevatı hazırladı, binayı var etti.

- İyi ama, arazın kendisi bir cevher haline gelmedi ki..

- Bu, iyilik ve kötülük apaçık bilinmesin diyedir. Padişahım, eğer fikirlerin şekil ve suretleri olsaydı, küfür ve iman apaçık alında yazılırdı. O vakit bu dünya kıyamet kesilirdi. Kıyamette kim suç işleyebilir?!

- Allahu Teala bunları gizledi, ama avamdan, seçtiklerinden değil. Ben bir emiri tuzağa düşürmek istersem diğer emirlerden gizlerim, fakat vezirden saklamam.

- Olanı biteni bildiğinize göre beni konuşturmaktan maksadınız nedir?

- Sırrının açığa çıkması için..

Diğer köle hamamdan dönünce padişah onu da huzuruna çağırttı:

- Çok güzel bir görünüşün var, fakat bir de öbür kölenin anlattığı kötü huyların olmasaydı.

- Padişahım, dedi köle, o dinsizin hakkımda söylediklerini lütfen anlatın!

- İlkin iki yüzlülüğünden bahsetti. Görünüşte bir deva, fakat gerçekte bir dertmişsin!

Köle, dostunun ihanetini bu şekilde padişahtan duyunca öfkeye kapıldı, yüzü kızardı. Dedi ki:

- O önceden benim dostumdu. Aç kalmış köpek gibi pislik yerdi.

Köle, açtı ağzını yumdu gözünü. Bir yığın böylesi laf söyledi. Padişah elini ağzına götürüp:

- Yeter, dedi, bu sınamayla seni de, onu da tanıdım. Onun ağzı, senin gönlün kokmuş. Uzakta dur, o amir, sen ise memursun!

Büyükler, "İnsanın rahatı, diline hakim olmasındadır" demişler. Güzel suret, kötü huyla beraber beş para etmez.

i

Baykuşlar Arasındaki Doğan

Padişahlardan birinin bir doğanı vardı. Yolunu kaybeden bu doğan bir viraneye düşmüş, baykuşlar arasına katılmıştı. Padişahtan ayrı düşmesi yetmiyormuş gibi bir de baykuşların ezasıyla baş başa kalmıştı. Başına vuruyor, kanadını çekiştiriyorlardı. Kendi aralarında:

- Dikkat edin, doğan yerinizi yurdunuzu elinizden almak için geldi, diye konuşuyorlardı.

Başına üşüşüp öfkeyle onu sorguluyorlardı. Doğan:

- Ben burada yaşamak istemem, dedi, padişahın yanına gitmek isterim. Bu harabe size hoş görünüyor, bana değil.

Baykuşlardan biri ise şöyle diyordu:

- Doğan hile ile bizi evimizden barkımızdan uzaklaştırmak istiyor. Bizim gibi safları aldatmak için padişahtan dem vuruyor. Adi bir kuş hiç padişahlarla düşüp kalkabilir mi, hiç aklınız yok mu?! O, padişahın cinsinden mi ki?! Bu, olmayacak bir laf, maksat ahmakları aldatmak. Bir baykuş onun beynine vursa ona padişahtan yardımcı gelecek öyle mi, hani nerde?!

Doğan ona şöyle cevap verdi:

- Benim bir tüyüm kopsa padişah baykuş yuvasının kökünü kazır. Bana uyun da, baykuşsanız bile doğanlaşın!

Doğan, peygamberdir; baykuşlar ise halk.

Susuzun Suya Taş Atması

Bir ırmak kıyısında yüksek bir duvar bulunuyordu. Duvarın üstünde de suya hasret bir adam durmaktaydı. Duvar, suya ulaşmasına engel oluyordu. Adam ırmağa bir kerpiç parçası attı. Kerpicin suya düşerken çıkardığı ses hoşuna gitti. Bu yüzden kerpiçleri koparıp koparıp atmaya başladı. Su, lisan-ı hal ile:

- Bana böyle taş atmaktan ne kazanacaksın ki, diye bağırıyordu. Adam şöyle dedi:

- İki fayda var. Birincisi, susuzlar için su sesini dinlemek, müzik dinlemek gibi hoştur. Diğer faydası da, attığım her kerpiç ve taş parçası beni suya yaklaştırıyor. Çünkü duvar alçalmış oluyor.

Duvardaki o taş ve kerpiçleri koparıp atmak, "Secde et de yaklaş!" ayetindeki gibi secde etmektir. Suyun sesine daha çok iştiyak duyan daha büyük parçalar atar. Suya iştiyakı olmayan ise, kerpicin düşmesinden sadece "bluk" diye bir ses duyar.

Yola Diken Eken Adam

Tatlı sözlü fakat kötü huylu bir adam vardı. Yol üstüne çalı ekmişti. Yoldan geçenler darılmaya, bu dikenli çalıları sökmesini söylemeye başladılar, fakat fayda etmedi. Çalılar gittikçe çoğalmakta, halkın ayağı, eli yüzü dikenlerden dolayı kanamaktaydı, insanların elbiseleri çalılara takılıp yırtılıyordu. Vali:

- Bu çalıları sök, diye defalarca emretti.

Adam da her seferinde:

- Olur, bir gün sökerim, diyordu.

Bir süre, "Yarın, yarın" diye müddet verip durdu. Bu zaman zarfında da diktiği çalılar büyüdü, kökleşti. Vali bir gün:

- Emrettiğimiz işi sürüncemede bırakma, dedi.

- Vali hazretleri, dedi adam, bir hayli zaman var, bugün olmazsa yarın.

- Hayır, acele davran, işi savsaklama! Dikenin kuvvetlenip büyümekte, sen ise ihtiyarlayıp güçten düşmektesin.

Her kötü huyunu bir diken bil. Çirkin huyundan sadece başkaları değil, sen de perişan hale düşmektesin.

Hz. İsa (a.s.)'ya Sorulan Soru

Birisi Hz. İsa'ya:

- Bu dünyada her şeyden daha güç olan şey nedir, diye sordu.

- En güç şey Allah'ın gazabıdır, çünkü o gazaptan cehennem bile titrer, diye cevap verdi İsa (a.s.)

- Peki Allah'ın gazabından nasıl emin olunur, diye sordu adam.

- Öfkelendiğin zaman öfkene uyma, diye cevap verdi Hz. İsa.

İ

Zünnun-ı Mısri'nin Deliliği

Zünnun-ı Mısri cezbeye kapılmıştı. Coşkunluğu onu yürekler acısı bir hale düşürmüştü. Halk onun bu haline tahammül edemez duruma geldi, onu tutup bağladılar. Onların zoruyla Zünnun hapsedildi.

Zünnun'u sevenler bu durumdan dolayı hayrete düştüler. Zindana gittiler, aralarında konuşmaya başladılar:

- Herhalde kasten böyle yapıyor. Onun çıldırmasına imkan var mı?! O, halkın şerrinden kurtulmak için böyle yaptı.

Durumu anlamak için Zünnun'un yanına yaklaştılar. Zünnun:

- Hey, kimsiniz siz, uzak durun, dedi.

- Biz senin dostlarınızız, dediler, halini hatırını sormak için geldik. Akıllı olduğun halde niye kendini deli gösteriyorsun? Bizden çekinme, işin içyüzünü anlat! Dostları hileyle aldatmak doğru değildir.

Bunun üzerine Zünnun sövüp saymaya, delice saçma sapan sözler söylemeye başladı. Onlara taş toprak atıyor, sopa sallayıp fırlatıyordu. Yaralanmamak için hepsi kaçtı. Zünnun gülüp dedi ki:

- Şu dostlara bak! Hani dost olanların alameti? Dosta dostun zahmeti ağır gelir de kaçar mı?!

Allahu Teala'ya dost olmanın nişanesi, bela, musibet ve mihnetlerden yakınmamaktır.

i

Lokman (a.s.) ve Efendisi

Lokman (a.s.) köleydi. Efendisi ona değer verir, oğullarından bile üstün tutardı. Kendisine yemek getirdiler mi adam gönderip Lokman'ı çağırtır, yemeğe önce onun başlamasını ister, sonra kendisi yerdi. Bu suretle onun artığını yer, onun yemediğini ise yemezdi. Yese bile gönülsüz yerdi.

Bir gün bu zata hediye olarak bir karpuz getirdiler. Hizmetçiye:

- Git, Lokman'ı çağır, dedi.

Lokman gelince, efendisi karpuzu kesip ona bir dilim verdi. Lokman o dilimi bal ve şeker yercesine yedi. Bunu gören efendi ikinci dilimi kesip sundu. Böyle böyle Lokman bütün bir karpuzu yedi, sadece bir dilim kaldı. Efendisi:

- Bunu da ben yiyeyim, dedi, bakalım tadı nasılmış.

Lokman'ın iştahla ve zevkle yemesinden ona da iştah gelmişti;

Efendisi o dilimi yer yemez, karpuzun acılığından ağzım bir ateştir sardı, boğazı yandı. Acılığından adeta kendisini kaybetti. Sonra Lokman'a:

- Böyle bir zehiri nasıl oldu da tatlı tatlı yedin? Neden böyle sabrettin? Niye yiyemeyeceğini söylemedin, dedi.

- Senden bugüne dek o kadar ikramlara nail oldum ki, dedi Lokman, bu karpuzun acı olduğunu söylemeye utandım.

Filozofun Körlüğü

Kur'an okuyan biri, Mülk Suresi'nin son ayetini okuyordu. Yani, "Suyu kaynağından keser, yerin derinliklerinde gizler, kupkuru bir hale getirirse, Allahu Teala'dan başka kim tekrar getirebilir?!" ayetini. Aşağılık ve hor bir felsefeci, okulun yanından geçerken bu ayeti duydu, hoşuna gitmedi. Dedi ki:

- Suyu külünkle biz çıkarırız. Bel ve kazma ile yerin ta dibinden kaynatırız.

Gece rüyasında bir adam gördü, aslan gibi güçlü ve kuvvetliydi. Felsefeciye bir tokat vurdu, iki gözünü birden kör etti.

- Ey kötü adam, dedi, eğer yapabiliyorsan, bu iki göz kaynağını da kazma ve külünkle nurlandır bakalım!

Felsefeci uyandı, baktı ki iki gözü de kör olmuş, görmüyor.

Ağlayıp inlese, tövbe ve istiğfar etseydi, Allah'ın lütfuyla gözleri tekrar görürdü. Fakat tövbe yolu bağlanmıştı.

Kendine gel de, "Nasıl olsa tövbe ederim" diye günah işleme! Tövbeye de bir parlaklık gerek.

Padişah ve Şeyh

Padişahlardan biri bir şeyhe şöyle dedi:

- Benden bir şey iste!

- Padişahım, dedi şeyh, bana böyle söylemekten utanmıyor musun? Benim iki kölem var, onlar hor ve hakir oldukları halde sana hükmederler, emir verirler.

- O iki köle kimler?

- Birisi öfke, diğeri şehvet.

İ

Hz. Musa (a.s.) ve Çoban

Hz. Musa yolda bir çobana rastladı. Çoban şöyle dua ediyordu:

- Ey kerem sahibi Rabbim, nerdesin ki sana kul köle olayım. Çarığını dikeyim, saçını tarayayım. Elbiseni yıkayayım, bitlerini kırayım. Ey Yüce Rabbim, sana süt ikram edeyim. Elini öpüp ayağını ovayım. Uyuma vakti gelince yerini silip süpüreyim. Bütün keçilerim sana kurban olsun!

Çobanın bu şekilde saçma sapan konuştuğunu gören Hz. Musa:

- Kiminle konuşuyorsun, diye sordu.

- Bizi yaratan, bu yer ve göğü halk edenle, diye cevap verdi çoban.

- Yazık, sen daha Müslüman olmadan kâfir oldun. Bu ne saçma söz, bu ne küfür! Çarık, elbise ancak sana yaraşır. Bir güneşin bunlara ne ihtiyacı var?! Allahu Teala'nın her şeye kadir olduğunu biliyorsan nasıl oluyor da böyle hezeyanlarda bulunuyorsun? Allah (c.c.) böylesi hizmetlerden müstağnidir. Sen bu lafları kime söylüyorsun, amcana, dayına mı?! Büyüyüp gelişmekte olan süt içer. Ayağa muhtaç olan çarık giyer.

Çoban:

- Ya Musa, dedi, pişmanlıktan canım yandı.

Elbisesini yırttı, ah ü figan ederek çöle doğru yola düştü. Bunun üzerine Allahu Teala, Musa (a.s.)'a şöyle vahyetti:

- Kulumuzu bizden ayırdın. Ben herkese bir huy, bir ıstılah verdim. Onun için medh ü sena olan söz, senin için yergidir. Biz, temizden de münezzehiz, pisten de. Onların beni teşbih etmeleriyle münezzeh ve mukaddes olmam. Bununla kendileri temizlenirler. Biz dile ve söze değil, gönle ve hale bakarız. Kalb huşu sahibiyse kalbe bakarız, söze değil. Ey Musa, edep bilenler başka, içi yanmış aşıklar başka.

Musa (a.s.), Allahu Teala'dan bu hitabı duyunca çöle düşüp çobanı aramaya başladı. Onun izlerini takip ediyordu. Nihayet onu buldu:

- Müjde, dedi, Allahu Teala'dan izin geldi. Gönlün nasıl istiyorsa öyle söyle!

- Ey Musa, dedi çoban, ben o halde, o sözden geçtim. Şimdi benim halim söze sığmaz.

Allahu Teala'ya hamd etsen de, bu çobanın layık olmayan övüşü gibidir. Senin övüşün çobanınkine nispetle daha iyi olsa da, Allahu Teala'nın yüceliğine nisbetle onun da değeri yok. Allah'ı zikrediyor oluşunun makbul olması, O'nun rahmetindendir.

i

Ağzına Yılan Kaçan Adam

Akıllı birisi, atına binmiş gidiyordu. Yol kenarında uyumakta olan birisinin de ağzına yılan kaçmak üzereydi. Atlı, yılanı ürkütüp kaçırmak ve adamı kurtarmak için atını koşturdu, fakat yetişemedi.

Tutup o adama kırbacıyla birkaç kere vurdu. Uyanan adam, darbelerin acısıyla bir ağacın altına kadar kaçtı. Oraya bir hayli çürük elma dökülmüştü. Atlı:

- Bunları ye, diye emretti.

- Beyim, dedi adam, ben sana ne yaptım. Eğer bana hakikaten kastın varsa, vur kılıcı öldür. Sana çattığım saat ne uğursuzmuş. Ne mutlu senin yüzünü görmeyene. Dinsizler bile kimseye sebepsiz böyle yapmazlar.

Bir yandan da lanetler okuyor, beddua ediyordu:

- Ya Rabbi, cezasını sen ver, diyordu.

Atlı ise onu dövüyor:

- Koş, diyordu.

Atlı adamı epeyce bir zaman koşturdu. Nihayet adamın safrası kabardı, yediklerini kusmaya başladı. Bu arada yılan da çıktı. Adam yılanı görünce atlının ayağına kapandı:

- Sen bir rahmet meleğisin, dedi, ne mübarek saatmiş ki seni gördüm. Sen beni analar gibi ararken ben eşekler gibi kaçıyordum. Durumu biraz olsun bilseydim sana bu kadar kötü sözleri söyler miydim?! Sükut ederek kızgın göründün, hiçbir şey söylemeksizin kafama vurmaya başladın. Bağışla!

- Eğer ben biraz olsun sana hali çıtlatsaydım derhal ödün patlardı, içindeki yılanı bilseydin ne elma yiyebilir, ne koşabilir ne de kusabilirdin. Sen bana söverken ben gizlice, "Ya Rabbi, işimi kolaylaştır" diye dua ediyordum.

İşte bu, akıllının düşmanlığıdır. Akıllının düşmanlığı, ahmağın dostluğundan yeğdir, denilmiştir. Peygamberler, halka içlerindeki yılanı göstermeye çalışır, insanlar ise onlara kötü sözler söylerler, hali anlamazlar.

Kör Dilenci

Kör bir dilenci vardı. Şöyle derdi:

- Ey ahali, bana acıyın, bende iki körlük var. O halde bana iki kat yardım edin.

Halktan birisi:

- Bir körlüğünü görüyoruz. Öbürü nedir, göster, dedi.

- Sesim çirkin, avazım kötü. Körlük ve ses çirkinliği iki kat körlüktür. Sesim yüzünden halkın bana acıması azalıyor. Kötü sesim nereye varırsa bana karşı öfke ve kin meydana getiriyor. Bu iki körlüğe siz de iki kat acıyın. Böyle hiçbir yere sığmayan kişiyi siz de gönlünüze sığdırın, hoş görün.

Bu sızlanma yüzünden halkın hepsi ona acımaya başladı. Sırrını söyleyince gönlünün güzel sesi, sesinin çirkinliğini örttü.

Böyle birisinin gönül sesi de çirkin olursa, bu üç kat körlüktür.

Hz. Musa (a.s.) ve Buzağıya Tapan Adam

Hz. Musa, buzağıya tapanlardan birine şöyle dedi:

- Benden bunca mucize görmene ve benim böylesine güzel huylu olmama rağmen peygamberliğim hakkında yüzlerce şüphen vardı. Firavundan kurtulmanız içindeniz yarıldı. Kırk yıl gökten yemek indi, duam bereketiyle taştan ırmak aktı. Buna rağmen senin şüphe ve vehimlerin azalmadı. Fakat sihirli bir buzağı ses çıkardı, derhal secde ettin. Onun hakkında niye şüpheye düşmedin, vehme kapılmadın? Sence buzağı bir lafla tanrılığa layık oluyor da, benim peygamberliğimden şüpheye düşüyorsun ha? Yuh olsun sendeki akla!

Gönül aynası saf olmalı ki güzeli çirkinden ayırabilsin. Her cins, kendi cinsini çeker. Öküz, elbette bir buzağıyı tanrı sanır.

Ayının Dostluğu

Bir ejderha, bir ayıyı yakalamış parçalamaya çalışıyordu. Yiğit bir adam, yolda giderken ayının bağırmalarını duydu. Hemen koştu, her ne kadar ejderha daha güçlü idiyse de, o adamın hem gücü hem de hilesi vardı.

Ayı, ejderhadan kurtulunca Ashab-Kehfin köpeği gibi o adamın peşine takıldı. Adam hasta olup yere baş koyunca da ayı onu bırakmadı, başında beklemeye başladı. Oradan geçen birisi:

- Ey kardeş, dedi, bu ayıyla ne işin var? Adam, ejderha olayını anlattı. Bunun üzerine o şahıs:

- Ayıya güvenme, dedi, ahmağın dostluğu düşmanlıktan beterdir.

- Sen bunu hasedinden söylüyorsun. Ayıya bakma, bana olan sevgisine bak.

- Ahmakların sevgisi aldatıcı bir sevgidir. Benim bu hasedim onun sevgisinden iyidir. Gel benimle bir ol da o ayıyı uzaklaştır gitsin!

- Git başımdan hasetçi herif, kendi işine bak!

- Ben bir ayıdan daha aşağı değilim ya. Başına bir şey gelecek diye yüreğim titriyor. Sakın böyle bir ayı ile ormana gitme!

Bu sözler adamın kulağına girmedi:

- Git başımdan, dedi.

- Ben senin düşmanın değilim. Peşimden gelirsen kendine iyilik etmiş olursun.

- Uykum geldi, beni bırak, işine git!

- Benim gibi bir dosta uy da, himayemde uyu. Adam:

- Bu galiba bir katil, diye düşündü, uyuyunca beni öldürecek. Ya da benden bir şey umuyor, bir dilenci.

Adamın yola gelmediğini gören nasihatçi kızarak ve içinden "La havle..." diyerek oradan ayrıldı.

- Ben ona ciddiyetle nasihat ettim, o ise benden daha kötü şüphelendi, diye düşündü.

Adam da uyuyakaldı. Yüzüne sinek konuyor, ayı da onu kovalıyordu. Sinek kovulunca kalkıyor, fakat inadına tekrar aynı yere konuyordu. Bu böyle sürüp gitti. Ayı, sineğe kızdı, gitti kenardan koca bir taş getirdi. Sineğin yine adamın yüzüne konmuş olduğunu görünce, o koca taşı sineğe fırlattı. Taş, uyuyan adamın yüzünü paramparça etti.

Ahmağın sevgisi, ayının sevgisidir. Kini sevgisi, sevgisi kinidir. Ahdi gevşek, sözü büyük, vefası zayıftır.

i

Hz. Peygamber (s.a.s.) ve Âma Adam

Allahu Teala, Hz. Peygamber (s.a.s.)'e şöyle vahyetti:

- Kör, Hakk'ı diliyorsa, onun yoksulluğu yüzünden gönlünü kırmak yaraşmaz. Sen, halk büyüklerinden öğrensin diye onları irşad etmek istiyorsun, onların dine yardımcı olacaklarını, onlar sayesinde İslam dininin her tarafta yayılacağını düşünüyorsun. Bu yüzden de hidayet isteyen körden yüz çevirdin, onun konuşmasından sıkıldın. Onun dostlarından olduğunu, vaktinin de geniş olduğunu hatırladın. Fakat bu bir tek kör, yüzlerce Kayzer'den yeğdir. Gönlü aydın kör gelince kapıyı kapama.

Hz. Peygamber s.a.s. dedi ki:

- Benim peygamberliğime Allah c.c. şahit, bu yeter. Yarasaların nefretinden de anlaşılıyor ki ben Allahu Teala'nın parlak bir güneşiyim. Hırsız geceyi ister, gündüzü değil. Ben, cihanda parlayan gündüzüm.

i

Calinus ve Deli

Calinus, etrafındaki dostlarına:

- Bana filan ilacı verin, dedi. içlerinden birisi:

- Ey üstad, dedi, bu ilacı delilik için verirler. Delilik ise senden uzaktır, dedi.

- Bana bir deli baktı, dedi Calinus. Bir müddet yüzümü seyretti. Bana göz kırptı, sonra yenimi yakamı yırttı. Onunla bir münasebetim olmasaydı nasıl olur da yüzünü bana çevirirdi?! Benim onunla bir ilgim olmasaydı, nasıl olur da gelir bana çatardı?! iki kişi uzlaştı mı, aralarında ortak bir özellik var demektir. Kuş ancak kendi cinsinden olan kuşlarla uçar. Kendi cinsinden olmayanla sohbet, adeta mezara girmedir.

Leylek ve Karga

Hikmet sahiplerinden biri şöyle anlattı:

- Kırda bir karga ile leyleğin birlikte koşup uçtuklarını gördüm. Hayret ettim, bakalım aralarındaki ortak özelliğe ait bir emare bulabilir miyim diye onları izledim. Yanlarına yaklaşınca gördüm ki ikisi de topal.

Allahu Teala'nın Hz. Musa (a.s.)'yı İkazı

Allahu Teala, Musa (a.s.)'ya şöyle vahyetti:

- Ey Musa, ben hastalandım da niçin beni ziyaret etmedin?

- Ya Rabbi, diye yakardı Hz. Musa, sen kusurdan münezzehsin. Ben seni nasıl ziyaret edebilirim, bunu bana bildir!

- Hastalığımda niçin halimi hatırımı sormadın?

- Ya Rabbi, sen noksanlıktan uzaksın. Bu sözün hakikatini bana bildir!

- Ey Musa, has ve seçilmiş bir kulum hastalanmıştı. Onu ziyaret etmen, beni ziyaret etmen demekti.

Şeyhin Müridi İmtihanı

Yeni bir mürid, günün birinde bir ev yaptırdı. Şeyh gelip evi gördü. Şeyh, müridini imtihan maksadıyla dedi ki:

- Kardeş, eve niçin pencere açtın? Mürid şöyle cevap verdi:

- Işık gelsin diye.

- O, işin başka boyutu. Ezanı duymak için açmaya niyetlenmelisin.

Hac zamanı gelince Kabe'yi ziyaret etmeye niyetlen. Oraya vardın mı Mekke'yi de görürsün.

Hz. Peygamber (s.a.s.)'in Hasta Ziyareti

Sahabeden biri hastalandı, sararıp soldu, iplik gibi inceldi. Hz. Muhammed Mustafa (s.a.s.) onu ziyarete geldi. Halini hatırını sordu, iltifatlarda bulundu.

Adam, Hz. Peygamber (s.a.s.)'i görünce sanki yeniden yaratılmış gibi dirildi, canlandı. Dedi ki:

- Hastalık beni bu bahta eriştirdi. Allahu Teala bana sırt ağrısı verdi de gece yarısı uykudan uyandırdı. Bütün gece manda gibi uyumayayım diye bana lütfuyla dert ihsan etti.

Ağrı, sızı ve hastalık hazinedir, rahmetler ondadır. Baharlar, güz mevsiminde gizlidir.

Hz. Peygamber (s.a.s.) o hasta adama dedi ki:

- Acaba sen yanlış bir dua mı ettin, bir hatırla bakalım.

- Hiç hatırıma gelmiyor, himmet et de hatırlayayım. Adam sonunda hatırladı, dedi ki:

- Ya Rasulallah, şimdi hatırladım. Daima günah işleyip duruyordum. Ahiret azabını anlatmaya imkan yoktur, onun yanında dünya azabı önemsizdir diye düşündüm de, Allahu Teala'dan azabı bana bu dünyada çektirmesini istedim. Derken bu hastalığa yakalandım.

- Ne yaptın, dedi Hz. Peygamber (s.a.s.), sakın bir daha böyle dua etme! Şöyle de: Ey Rabbim, sen bize güçlükleri kolaylaştır. Bize dünya yurdunda da, ahiret yurdunda da iyilik ver!

Akıllı Deli

Adamın biri:

- Akıllı bir adam arıyorum, dedi, onunla istişare edeceğim. Bir müşkülüm var.

Bu sözü duyan biri de:

- Şehrimizde sadece bir akıllı var, dedi, o da kendisini deliliğe vurmuştur, işte bir sopaya binmiş, çocuklarla beraber koşup duruyor. Rey ve tedbir sahibi bir adamdır. Kendisini bu divanelik perdesinin arkasına gizlemiştir.

Taklide sarılmış akıldan divanelik yeğdir. Fakat her divaneyi kendine can sanma. Veli deliliğe vurdu mu kimse onu anlayamaz.

Adam, deliliğe vurmuş veliye gelip:

- Bana bir sır söyle, dedi.

- Kapı kapalı, dedi veli, bugün sır söylenecek gün değil, başka vakit gel.

- Bir an için olsun atını bu tarafa sür!

- Çabuk söyle, atım çok serkeştir, seni tepmesin.

Adam, gönlündeki sırrı söylemeye imkan bulamadı. Veli ile alay etmek için dedi ki:

- Bu sokakta oturan kadınlardan birini almak istiyorum. Bana acaba hangisi layık?

- Dünyada üç türlü kadın vardır, ikisi zahmet ve mihnettir, bunlardan birisinin yarısı senin olur, yarısı senden ayrı kalır, öbürü de sana hiç mal olmaz. Üçüncüsü ise daimi hazinedir, tamamiyle senin olur. Haydi şimdi yürü, atım seni tepelemesin!

Şeyh sopasını sürüp çocukların arasına katıldı. Adam tekrar bağırdı:

- Hiç olmazsa o söylediğin üç çeşit kadının kimler olduğunu söyle!

Şeyh yine onun yanına at sürüp dedi ki:

- Bakire tamamiyle sana mal olur, gamdan kurtulursun. Yarısı senin olan da duldur. Hiçbir şekilde senin olmayan da, evladı olan duldur, ilk kocasından evladı olursa sevgisi de, hatıraları da oraya gider. Şimdi uzaklaş, yoksa atımın ayakları altında ezileceksin.

Şeyh yine bağırıp çağırarak çocukların arasına daldı. Adam tekrar bağırdı:

- Ey büyük zat, dedi, bir sorum daha var. Şeyh tekrar geldi:

- Çabuk söyle, çok duramam, çünkü o çocuk meydandan topumu kaptı.

- Bu kadar akla sahipken ne bu divanelik, şaşılacak şey. Neden delilikle gizleniyorsun?

- Bu adamlar beni şehre kadı yapmaya karar verdiler. Reddettim. Benden aşağısını kadı yapmaya Şeriat'ın izin vermediğini söylediler.

Ben de kendimi deli gösterdim.

İlim, insanlara görünmek için, geçim için öğrenilmez, bu alemden kurtulmak için öğrenilir. Hakiki alimin müşterisi topraktan yaratılmış insanlar değil, Allahu Teala'dır.

Muhtesip ve Sarhoş

Muhtesip, gece yarısı bir yere uğradı. Duvar dibinde bir adamın uyuduğunu gördü:

- Hey, sarhoş musun, ne içtin, diye bağırdı.

- Testidekinden içtim, dedi adam.

- Testide ne var?

- İçtiğim şey.

- Bu, gizli bir söz. Söyle, ne içtin?

- Testide gizli olan şeyi işte.

Muhtesiple sarhoşun konuşması bu şekilde uzayıp gitti. Sonunda muhtesip:

- Gel de bir "Ah" de, diye emretti.

Adam:

- Hu, hu, dedi.

- Ben sana "Ah de!" dedim, "Hu de!" demedim.

- Ah, dertten, gamdan olur. Hu ise neşeden. Sarhoşların hu huları neşedendir.

- Gevezelik edip durma, kalk!

- Yürü git!

Muhtesip iyice öfkelendi:

- Haydi zindana, dedi.

- Ey muhtesip, beni bırak da işine git. Benim yürümeye kudretim olsa burada yatar mıydım, evime giderdim.

Kör olan gönül, canı, kulağı, gözü olsa bile yol alamaz, yürüyemez.

i

Kör Adama Saldıran Köpek

Bir köpek bir mahalle arasında kör bir dilenciye av köpeği gibi saldırdı. Kör, köpeğin havlamasından korkuya kapıldı. Ona yalvarmaya başladı:

- Ey av aslanı, dedi, benden el çek! Benim gibi zayıf birini avlayacaksın da eline ne geçecek?! Dostların çölde yaban eşeği arıyor, sense mahallede kör avlıyorsun.

Eğitilmiş köpek yaban eşeği avlar, eğitilmemiş ise köre saldırır. Köpek bile ilim öğrenince azgınlıktan kurtulur, ormanlarda helal hayvan arar.

i

Bahçıvanla Kuru Ağaç

Bahçıvan, bahçedeki kuru bir ağacı kesmeye koyuldu. Ağaç:

- Ey yiğit, dedi, suçsuz yere benim başımı niye kesiyorsun?

- Sus, dedi bahçıvan, kuruluğun suç olarak yetmez mi?!

- Ben doğruyum, eğri değil. Niçin günahım yokken beni kesiyorsun?

- Mübarek bir şey olsaydın, yaş olsaydın da keşke eğri olsaydın.

Doğruları söylüyorum diye övünme, bu doğrularda ab-ı hayat var mı, ona bak!

İ

Şeytan'ın Muaviye (r.a.)'yi Uyandırması

Muaviye (r.a.) evinde uyumaktaydı. Evinin kapısını arkadan kilitlemişti. Ansızın birisi onu uyandırdı. Muaviye (r.a.) gözünü açınca adam kayboldu. Kendi kendisine:

- Eve giren de kim acaba, diye düşündü.

Etrafı dolaşıp adamı aramaya başladı. Kapı ardında birisini gördü. Oracığa sinmiş, yüzünü de örtmüştü.

- Hey, sen kimsin, diye sordu Muaviye (r.a.)

- Açıkça söyleyeyim, dedi adam, iblis.

- Beni niçin uyandırdın, doğruca söyle!

- Şimdi namaz vakti, dedi Şeytan, hemen mescide koşmak gerek. Resulullah ibadetlerin vaktinde yapılmasını emretti.

- Hayır, senin böyle hayırlı bir düşüncen olamaz. Hırsız evime giriyor da, "Bekçilik ediyorum" diyor. Ben o hırsıza nasıl inanayım?!

- Biz önceden melektik. Canla başla ibadete koyulmuştuk, ilk sanat gönülden çıkar mı?! İlk sevgi nasıl olur da unutulur?! Seferde yabancı birini görmekle vatan sevgisi kalbinden çıkar mı?! Allahu Teala'dan nice lütuflar görmüşüzdür. Birkaç gün oldu ki beni huzurundan kovdu. Kerem denizi bir itapta bulunsa bile kerem kapılarını kapalı bırakır mı?! Tutalım, Adem'e secde etmemem hasettendi. Ama o haset de dostluktan meydana geldi.

- Bunlar doğru, dedi Muaviye (r.a.), ama bunlarda senin payın eksik. Hem ateş olasın, hem de yakmayasın, buna imkan var mı?! Allah (c.c.) seni yakıcı bir hale getirmiş, bütün hırsızların üstadı etmiştir, işte lanet budur. Sen hile denizisin, halk bir damladan ibaret.

- Ben gerçek ile sahte için mihengim. Allah (c.c.) beni halis ile sahteyi ayırmak için yarattı. Ben kalbin yüzünü ne zaman karartmışım? ! Kuyumcuyum ben, ona kendi değerini veririm. Önüne kemikle otu koy, kemiğe gelirse köpektir, ota meylederse ceylan. Ben iyiyi nasıl kötüleştirebilirim?! Güzeli çirkin yapabilir miyim?! Ben güzelle çirkine bir aynayım.

- Ey dolandırıcı, dedi Muaviye (r.a.), beni kandıramazsın, boşuna uğraşma. Dolandırıcı müşteri olmaz, müşteri gibi görünse bile bu, hileden, düzenden ibarettir. Ya Rab! Bu düşmanın elinden bizi kurtar, onun bu sözü duman gibidir, elimi tut, yoksa kilimim elden gider. Bir delil getirmekle iblisle baş edemem. Çünkü o her yüce ve aşağılık kişinin fitnecisi, imtihancısıdır. Allah'ın isimleri öğrettiği Adem bile bu köpeğin yıldırım gibi koşusu karşısında yaya kaldı. Ey fitneci iblis, niçin beni uyandırdın, doğru söyle!

- Benim şerrimden Allah'a ne sığınıyorsun, aşağılık nefsinin şerrinden sığın! Tilki gibi kuyruk peşinde koşup durmaktasın. Yeşillikte bir kuyruk gördün mü bu tuzaktır, bunu niye bilmiyorsun? Bilmiyorsun, çünkü kuyruğa meylin seni şaşırttı, gözünü kör etti. Sonra da herkes kendi işini bana isnat ediyor.

- Seni doğruluktan başka bir şey kurtaramaz, dedi Muaviye (r.a.), doğru söyle de elimden kurtul!

- Doğruyu, yalanı nasıl anladın?

- Hz. Peygamber (s.a.s.) sağlam ile kalbî anlamak için mihenk verdi: "Yalan kalblerde şüphe uyandırır, doğru kalplere güven ve neşe verir" buyurdu. Gönül, yalan sözden rahat etmez. Gönül hasta olursa ancak o zaman yalanın ve doğrunun tadını alamaz. Ben doğruyu bilir, anlarım, hileye sapma! Ağyar olan Seylan'dan beni hayır için uyandırmasını ummam.

Bunun üzerine Şeytan lafı ağzında eveleyip geveleyerek:

- Ey Muaviye! Ben seni şunun için uyandırdım, dedi, cemaate yetişesin, namazı Peygamber'in ardında kılasın diye. Eğer namaz vakti geçseydi sen bu dertten dolayı ağlayacak, gözlerinden adeta kaselerle yaş dökecektin. Herkes ibadetten zevk alır, fakat o dert, o gam, yüzlerce namaza değer. Nerde namaz, nerde o niyazın ışığı? İşte seni bunun için uyandırdım. Ben hasetçiyim, işte böyle bir hasette bulundum.

- İşte şimdi doğruyu söyledin, dedi Muaviye (r.a.), senden bu beklenir. Sen beni, daha iyi bir hayırdan mahrum etmek için hayra sevk ettin.

i

Kadı ve Nâibi

Bir fakihi kadı yaptılar. Ağlayıp inlemeye koyuldu. Naip:

- Bu ağlayıp inleme nedir, dedi, şimdi sevinecek zaman.

Kadı bir ah çekip:

- İşin iç yüzünü bilmeyen adam nasıl hüküm verebilir, dedi, işin hakikatini bilen iki kişi arasında bir cahilden başka bir şey değildir o. Hasımlar ne yaptıklarını bilirler. Zavallı kadı o iki kişinin hilesini ne bilsin?! Hallerini bilmez, böyle olduğu halde kanlarına, mallarına nasıl hükmedecek?!

- Bu hasımlar, dedi naip, bilgili ama hastadırlar. Sen ise Şeriat mumusun. Çünkü sende bir kasıt ve hastalık yok. işte bu kasıtsızlık yok mu, gözlerin nurudur. O ikisini garezleri kör etmiştir. Kasıtsızlık bilgisizi alim yapar, kasıt ve garez ise ilmi zulüm haline getirir. Sen rüşvet almadıkça kör değilsin, fakat tamah ettin mi, körsün, kul ve kölesin.

Namaz Kaçıran Adamın Ahı

İhlaslı bir adam mescide girerken baktı ki cemaat dışarı çıkıyor.

- Namaz kılındı mı ki herkes camiden çıkıyor, diye sordu.

- Evet, dedi birisi, Hz. Peygamber (s.a.s.) cemaatle namazını eda etti, duasını bile bitirdi. Ey ham adam, sen nereye gidiyorsun?

Adam bir ah çekti. Cemaatten biri:

- Sen bu ahı bana ver, ben o namazın sevabını sana bağışlayayım, dedi.

- Tamam, dedi adam, namazı kabul ettim, ahı verdim. O ahı alan kişi gece rüyasında şöyle bir ses duydu:

- Sen, derde derman olan ameli aldın. O ahı seçmen yüzü suyu hürmetine bütün cemaatin namazı kabul edildi.

Bu bir temsildir. Elbet namaz ibadeti bireyseldir. Tevdi edilemez. Bu da böylece bilinir.

Aynayı Yakan Hintli

Bir Hintli, kendisini kara suratlı gösteriyor diye aynayı yaktı. Ayna dedi ki:

- Suç benim değil, benim yüzümü cilalayana kabahat bul! Çirkin kimdir, güzel kim, söyleyeyim diye o beni doğru sözlü etti. Ben şahidim, şahidi zindana atmak nerde görülmüş.

Mümin müminin aynasıdır, sana ayıbını olduğu gibi söyleyene kızma, kendine kız!

İ

Hırsızın İzi

Bir adam, odasına hırsız girdiğini gördü. Başladı onu kovalamaya. Birkaç kere oda içinde dolandılar, adam iyice terledi. Nihayet hırsıza yaklaştı, bir sıçrasa tutacaktı. Dışardan birisi:

- Buraya gel de bela izlerini gör! Çabuk ol, buradaki ahvale bak! Adam:

Herhalde orada da bir hırsız var, diye düşündü, hemen gitmezsem başıma bela olacak. Çoluk çocuğuma belki zarar verir, şimdi bunu tutmakta ne fayda var?! Bu Müslüman kerem edip beni çağırıyor, hemen gitmezsem bir kötülüğe düşerim.

Böylece adam hırsızı bırakıp, sesin geldiği tarafa yöneldi.

- Aziz dostum, dedi, ne var, niye böyle feryad ediyorsun?

- Bak işte hırsızın ayak izi. Yürü, bu izi izle, ardından koş!

- Ey ahmak, sen ne söylüyorsun? Ben onu neredeyse yakalamıştım, sen bağırınca bıraktım. Ben de seni adam sandım. Bu ne hezeyan! Ben kendisini tutmuşum, ayak izini ne yapayım?! Sen ya hile yapıyorsun ya da ahmaksın. Belki sen de hırsızsın.

- Ben işin aslını anladım, sana ayak izini gösteriyorum.

- Ey ahmak, vuslatta delil ve alamet olur mu?!

Allahu Teala'ya ulaşanlar, Zata gark olmuşlardır, artık sıfatlarla uğraşmazlar. Başı ırmağın içine dalmış olan adam suyun rengini, kokusunu araştırmaz.

İ

Münafıkların Mescid-i Dirarı

Münafıklar, İslam dinini sözde yüceltmek için bir cami yapmaya koyuldular. Hz. Peygamber (s.a.s.)'in mescidinden başka bir mescid inşa ettiler. Döşemesini, kapısını, tavanını tamamladılar. Bununla cemaati parçalamayı amaçlıyorlardı.

Yalvararak Hz. Peygamber (s.a.s.)'in yanına gelip, huzuruna deve gibi çöktüler.

- Ey Allah'ın Resulü, dediler, lütfedip o mescide kadar zahmet buyur. Diledik ki oraya bir garip gelirse kalacak yeri olsun, bu hizmet konağında ikrama ersin. Böylece din etrafa yayılsın. Bir an orayı şereflendir, mescide iltifat et!

Bu sözleri gönülden söylemiyorlardı. Hz. Peygamber (s.a.s.)'e masallar okuyor, yalan dolan atını sürüyorlardı. O merhametli, şefkatli Peygamber ancak gülümseyerek "Peki" diyebildi. Onların hilelerini anlıyor, fakat yüzlerine vurmuyorlardı. Allahu Teala, Peygamber'e:

- Bu habisleri dinleme, hile yaptılar. Maksatları kara yüzlülükten başka bir şey değildir, diye bildirdi.

Münafıkların amacı ashabın arasını bozmaktı. Şam'dan Medine' ye bir Yahudi getirmek niyetindeydiler. Yahudiler, o Şamlı yahudinin vaazından sarhoş olmuşlardı. Hz. Peygamber (s.a.s.) o münafıklara:

- Şimdi savaşa gitmek için hazırlık yapıyorum, savaştan sonra gelirim, dedi.

Böylece onları başından savdı. Savaştan dönünce münafıklar tekrar gelip önceki vaadini hatırlattılar. Allahu Teala (c.c.):

- Ey Peygamber, açıkça söyle, hainliklerini açığa vur, diye emretti.

Hz. Peygamber (s.a.s.):

- Ey hilekârlar, susun da sırlarınızı söylemeyeyim, deyip sırlarından bazısını açığa vurdu. Derhal halleri kötüleşti. Elçileri:

- Haşa, haşa, demeye başladılar. Her biri yemin ediyordu, çünkü yemin etmek yalancıların adetidir.

Hz. Peygamber (s.a.s.) dedi ki:

- Sizin yemininize mi inanayım, Allah'ın yeminine mi?! Münafıklar tekrar:

- Allah'ın kitabı hakkı için, o mescidi Allah rızası için kurduk. Bu hususta hiçbir hilemiz yoktur. Orada ancak Allah'a ibadet edeceğiz.

Hz. Peygamber (s.a.s.) onlara:

- Şüphesiz siz yalan söylüyorsunuz, dedi.

Hz. Peygamber (s.a.s.) bu şekilde vaadinden dönünce, sahabeden birisinin gönlüne inkar düşüncesi düştü:

- Peygamber böyle ak sakallı, koca koca adamları utandırıyor. Nerde kerem, nerde ayıp örtmek, nerde haya? Hani peygamberler yüz binlerce ayıbı örterlerdi, diye düşündü.

Ardından da, bu itiraz yüzünden mahcup düşmemek için hemen gönlünden istiğfar etti. Münafık kişilerle dost olmanın uğursuzluğu bu mümini de onlar gibi asileştirdi. Fakat içinden şöyle yakardı:

- Ya Rabbi, beni bu halde bırakma! Gönlüm elimde değil, yoksa gönlümü yakardım.

Bu düşünceyle uykuya daldı. Rüyasında münafıkların mescidini hayvan pisliği ile dolu gördü. Mescidin taşları fışkı içinde harap olmuştu, onlardan kara dumanlar tütüyordu. O dumanlar onun boğazına girdi, boğazı yandı. O dumanın kokusundan uyandı. Hemen yüzüstü kapanıp ağlamaya başladı.

Birçok sahabe o mescid hakkında apaçık bir rüya gördü, bu şekilde o münafıkların maksatları meydana çıktı. Bunun üzerine Hz. Peygamber (s.a.s.):

- Onu yıkın, buyurdu, süprüntülük, küllük yapın!

Mescidin sahipleri de mescid gibi sahteydi. Tuzağa saçılan taneler cömertlik sayılmaz. Oltadaki lokma, ne ihsandır ne de cömertlik!

İ

Namazlarını Bozan Dört Hintli

Dört Hintli mescitte ibadete koyulmuşlar, rüku ve secde etmekteydiler. Her biri huşu içinde namaz kılıyordu. Bu sırada içeriye müezzin girdi. Hintlilerden biri elinde olmaksızın:

- Ey müezzin, dedi, ezanı okudun mu, yoksa vakit var mı? Öbür Hintli onu uyardı:

- Sus be adam, namazın bozuldu, dedi.

Üçüncüsü de bu konuşana, onun da namazının bozulduğunu bildirmek için:

- Onu ne kınıyorsun, kendine bak, kendini kına, dedi. Dördüncü de:

- Allah'a şükür ki ben üçünüz gibi namazımı bozmadım, diye söylendi.

Böylece dördünün de namazı bozuldu.

Alemin ayıbını söyleyen daha fazla zarar eder. Ne mutlu o kişiye ki kendi ayıbını görür.

Kim birisinin ayıbını görürse, aynı ayıbı kendisinde bulur.

İ

İhtiyar Adamın Öfkesi

Yaşlı bir adam bir hekime:

- Ey hekim, dedi, zihnim yorgun, aklım yerinde değil.

- O akıl zayıflığı ihtiyarlıktandır, dedi hekim.

- Gözüm de kararıyor.

- O da yaşlılıktan.

- Sırtım felaket ağrıyor.

- Ey ihtiyar, ihtiyarlıktan.

- Ne yiyorsam hazmedemiyorum.

- Mide zayıflığı yaşlılıktan.

- Nefes darlığı çekiyorum.

- Evet, o da ihtiyarlıktan, insan yaşlanınca iki yüz çeşit hastalık peyda olur.

Bunun üzerine ihtiyar kızdı:

- Ey ahmak, dedi, lafın hep bu mu? Sen hekimlikten yalnız bunu mu öğrendin? Allah her derde bir derman vermedi mi?! Senin bilgin de kıt, aklın da.

- Ey yaşı yetmiş, işi bitmiş adam, dedi hekim, sendeki bu öfke, bu hiddet de yaşlılıktan.

Yaşlılar iki çift söze bile tahammül edemezler. Allah dostu yaşlılar bundan müstesnadır, onlar tertemiz bir yaşayışa sahiptir.

i

Mezar Gibi Ev

Çocuğun biri, babasının tabutu önünde ağlıyor, başını dövüyordu:

- Babacığım, diyordu, seni nereye götürüyorlar? Seni toprağın altına yatıracaklar. Öyle dar, öyle karanlık bir eve götürüyorlar ki orada ne halı var, ne hasır. Ne gece bir ışık var, ne gündüz bir dilim ekmek. Ne kapı var, ne pencere. Ne dost var, ne komşu...

Çocuk bu şekilde o evin özelliklerini anlatmakta, gözünden kanlı yaşlar saçmaktaydı. Onu dinleyen bir başka çocuk babasına:

- Baba, bu adamı vallahi bizim eve götürüyorlar.

- Sen ahmak mısın, dedi babası.

- Şu özellikleri bir dinle, dedi çocuk, anlattığı yer seksiz şüphesiz bizim ev. Ne hasır var, ne ışık, ne yemek. Ne kapısı mamur, ne penceresi.

Halk başkasını ayıplar, bilmez ki aynı nişaneler kendisinde de var.

i

Süvari ve Okçu

Bir atlı cins bir ata binmiş, pür silah, heybetli bir şekilde ormanda yol alıyordu. Usta bir okçu onu gördü, korkuya kapılıp yayına ok sürdü. Onu vurmaya hazırlanırken atlı bağırdı:

- Ey okçu, ben cüssece iriyim ama gerçekte aciz bir adamım. Sakın benim iriliğime bakma, savaş zamanı bende iş yok.

- İyi ki söyledin, dedi okçu, yoksa korkumdan seni vuracaktım. Ehli değilsen, silahlı olman neye yarar?! Hile ve düzenlerin senin silahındır, hem senden doğar, hem canına kasteder.

i

Filozof ve Bedevi

Bir bedevi, devesine iki dolu çuval yüklemişti. Çuvalların üstüne de kendisi oturmuştu. Yolda bir filozofa rastladı, konuşmaya başladılar. Filozof ona:

- O çuvallarda ne var, diye sordu.

- Birinde buğday, öbüründe kum, dedi bedevi.

- Neden bu kumu doldurdun?

- O çuval boş kalmasın da ağırlık dengelensin diye.

- Buğdayın yarısını bu çuvala, diğer yarısını da öbür çuvala koy. Bu suretle hem çuvallar hafifler hem de devenin yükü.

Bedevi bu fikri çok beğendi:

- Ey hakim, dedi, böyle ince düşünüşlü, böyle güzel rey sahibi olduğun halde neden böyle yoksulsun, yaya yürüyor, yoruluyorsun?

Bedevi, filozofa acıdı, onu devesine bindirmek istedi. Ona:

- Ey hikmet sahibi, dedi, biraz halinden anlat, böyle bir akılla sen ya vezirsin ya da padişah. Doğru söyle!

- İkisi de değilim, halktan bir adamım. Elbiseme baksana!

- Kaç deven, kaç öküzün var?

- Hiç yok!

- Peki dükkanındaki mal ne, bari onu söyle.

- Ne dükkanı?! Yerim yurdum yok.

- Ne kadar paran var peki?

- Para şöyle dursun, bir gecelik yiyecek alacak harçlığım yok. Yalınayak, başı kabak koşup duruyorum. Kim bir dilim ekmek verse oraya gidiyorum. Bu kadar hikmet ve bilgiden ancak hayal ve başağrısı elde ettim.

- Öyleyse yanımdan uzaklaş! Senin uğursuzluğun bana da bulaşmasın! Bir çuvalımda buğday, öbüründe kum olması senin hikmetinden daha hayırlı. Benim ahmaklığım çok mübarek bir ahmaklık.

Dünya hikmeti, dünyevî felsefe zannı, şüpheyi artırır, din hikmetiyse insanı feleğin üstüne çıkarır. Ahir zamanın aşağılık ukalaları ciğerler yakmışlar, hile ve düzenler bellemişler, fakat asıl sermaye olan sabrı, ihsanı, cömertliği yele vermişlerdir.

İ

İbrahim Edhem'in İğnesi

İbrahim Edhem deniz kıyısında bir yerde oturmuş, hırkasını dikmeye koyulmuştu. Ansızın oraya bir emir geldi. O emir, İbrahim Edhem'in padişahlık zamanındaki adamlarındandı, onu tanıdı, huzurunda el bağladı. Şeyhin hırka dikmekte olduğunu görünce şaşırdı:

- Sultanlığı terk etti de şu yoksulluğu seçti, diye düşündü. Bu ne acayip iş, padişahlığı bıraksın da yoksullar gibi kendi hırkasını diksin!

İbrahim Edhem, onun aklından geçenleri sezdi. Derhal iğnesini denize attı ve yüksek sesle iğnesini istedi. Yüzlerce balık, her birinin ağzında birer altın iğne olduğu halde denizden baş çıkardılar. Şeyh, yüzünü o emire dönüp:

- Ey emir, gönül saltanatı mı iyi, öyle bayağı saltanat mı? Emir, bunu görünce vecde geldi, bir ah çekip:

- Balık bile piri tanıyor da biz ondan uzağız, diyerek ağlaya ağlaya yola çıktı.

İ

Şeyhi Kınayan Adam

Bir adam, şeyhlerden biri hakkında:

- Doğru yolda değil, diye konuşuyordu, şarap içiyor, mürai ve pis. Böyle adam nerden müridlerin imdadına yetişecek?!

Bir başkası da ona:

- Edebe riayet et, büyükler hakkında böyle zanda bulunma, dedi. Böyle şey olmaz ya, olsa bile, bir katre pislik bir denizi kirletebilir mi?!

- Ey mürid, ben onu bir mecliste gördüm, dedi adam, takvası yok, müflis biri. inanmıyorsan bu gece kalk da onun günahkârlığını kendin gör.

Geceleyin o adamı bir pencere başına götürdü:

- Bak da fasıklığı, işreti gör! Gündüz riyakâr, gece fasık.

Şeyhin elinde dolu bir kadeh vardı. Mürid bunu görünce:

- Şeyhim, sen de aldatıcısın? Sen, Seylan'ın şarap kadehine işediğini söylemez miydin?!

Şeyh dedi ki:

- Gel de, bu nasıl şaraptır, gör!

Mürid gelip baktı, gördü ki halis bal. O zaman şeyh, müridine:

- Yürü git, bana şarap bul, dedi, bir hastalığım var, şarap içmek zorundayım. Zaruret vakti her pis temiz sayılır.

Mürid meyhaneleri dönüp dolaşmaya, şeyh için şarap aramaya başladı. Fakat meyhanelerdeki küplerin hiçbirinde şarap bulamadı.

Hurma şarabıyla dolu olan küpler, balla dolu hale gelmişti. Şarapçılara:

- Aldırışsızlar dedi, bu ne iş, hiçbir küpte şarap bulamıyorum.

Bunun üzerine bütün aldırışsızlar ağlayıp ellerini başlarına vurarak şeyhin yanına geldiler:

- Ey büyük şeyh, dediler, sen meyhaneye geldin, ayağının hürmetine bütün şaraplar bal oldu. Şarabı arıttın, bizi de kötü huylardan arıt!

Cihan baştanbaşa kanla dolu olsa, Allah eri yine ancak helal yer.

i

Tövbe Etmeyen Adam

Hz. Şuayb (a.s.) zamanında bir adam:

- Allah bende nice ayıplar gördü, nice günahlar işledim. Böyle olduğu halde kereminden bana ceza vermiyor, dedi.

Allahu Teala (c.c.), Şuayb (a.s.)'a şöyle vahyetti:

- Ona bildir, onu nice kereler cezalandırdım, fakat haberi yok. Gönlü bütün sırlara karşı kör oldu. Her şey zıddıyla meydana çıkar, bembeyaz kazanın beyazlığı üstünde kara is ve kurum, arpa tanesi kadar küçük bile olsa kendini gösterir, fakat kazan karardı mı artık üstünde ne is, ne de kurum görünür. Gönlü temiz adam günahın tesirini derhal anlar da ağlayıp sızlamaya, "Aman Ya Rabbi!" demeye başlar, kalbi kara adamın ise tövbe aklına bile gelmez.

Hz. Şuayb bunları adama söyleyince şu karşılığı verdi:

- Eğer bizi cezalandırdıysa alameti nedir? Bunun üzerine Şuayb (a.s.) Allahu Teala'ya:

- Ya Rabbi, diye yakardı, cezaya alamet istiyor. Allahu Teala şöyle buyurdu:

- Ben ayıpları örtücüyüm, sırlarını söylemem. Fakat onu cezalandırmış olduğumun bir alameti şu: ibadet ediyor, fakat ruhu hiç zevk almıyor. Cevizler çok ama içi boş.

Deve ve Fare

Bir fare, bir devenin yularını eline aldı, kurula kurula yola koyuldu. Deve de tabiatındaki mülayimlik yüzünden onunla beraber yürümeye başladı. Fare:

- Ben ne adammışım, diye gurura düştü. Deve, onun bu düşüncesini anladı, içinden:

- Ben sana gösteririm, diye söylendi.

Gide gide bir büyük ırmak kenarına geldiler. Öyle büyük, öyle derindi ki, fare orada durdu, kaskatı kesildi. Deve:

- Ey yoldaş, dedi, niye şaşırdın? Sen kılavuzsun, öncüsün. Yürü ki bende arkandan geleyim, dedi.

- Bu su pek derin, dedi fare, boğulmaktan korkuyorum. Deve ise:

- Bir göreyim hele, bu su ne kadarmış, diyerek ayağını ırmağa attı. Suyun fazla derin olmadığını gördü.

- Ey kör fare, dedi, diz boyuymuş, niye korktun?

- Sana karınca ama bana ejderha, dedi fare, dizden dize fark var. Sana diz boyu ama benim boyumu yüz kat aşar.

- Öyleyse bir daha küstahlık etme, kendin gibi farelerle boy ölçüş. Deveyle farenin sözü yoktur.

- Tövbe ettim, Allah için beni bu helak edici sudan geçir.

- Haydi, hörgücüme tırman. Seni de, senin gibi yüzlercesini de geçiririm.

Sultan değilsen tabi ol, şeyh değilsen mürid ol! Ticarette iş bilir değilsen yalnız başına dükkan açma, pişinceye dek bir kâmilin hükmü altına gir!

i

Hırsızlıkla Suçlanan Derviş

Bir derviş, bir gemiye binmişti. Gemide bir kese altın kayboldu. O, uyuyordu. Herkesi aradılar, birisi onu da gösterip:

- Bu uyuyan yoksulu da arayalım, dedi.

Para sahibi derdinden onu da uyandırdı:

- Bu gemide bir kese kayboldu, dedi, herkesi aradık, bir sen kaldın. Hırkanı çıkar, soyun da senin hakkında kimsenin şüphesi kalmasın.

Derviş:

- Ya Rabbi, diye niyaz etti, şu aşağılık kişiler kulunu töhmet altına alıyorlar, fermanını yetiştir!

Dervişin gönlü dertlenir dertlenmez hemen denizin her tarafından yüzlerce balık baş çıkardı. Her birinin ağzında eşsiz bir inci vardı. Derviş gemiye birkaç inci atıp fırladı, havayı adeta taht edinip oturdu. Dedi ki:

- Geçip gidin, gemi sizin. Yoksul bir hırsız sizinle bir arada olmasın!

- Ey büyük zat, dedi gemidekiler, sana bu yüce makamı nasıl verdiler?

- Büyüklere saygı gösterdiğim, tazim ettiğimden. Yoksullar hakkında hiç kötü zanna düşmediğimden.

Kınanan Sûfi

Sufiler, bir sufiyi kınayıp tekke şeyhine şikayet ettiler:

- Ey büyüğümüz, medet, dediler, bu sufiden öcümüzü al!

- Şikayetiniz nedir, dedi şeyh.

- Bunun üç kötü huyu var, dediler, söze başladı mı çan gibi susmak bilmez, söylenir durur. Yemeğe girişti mi yirmi kişiden fazla yer. Yatıp uyudu mu Ashab-ı Kehf e benzer, kalkmayı bilmez.

Şeyh, itham edilen sufiye dönüp:

- Her halinde itidali koru, dedi, işlerin hayırlısı orta hallisidir. Sufi, şöyle cevap verdi:

- Ey şeyh, orta yol hikmetse de, bu orta hallilik de izafidir, nisbidir. Birisinin dört ekmeğe ihtiyacı olur da iki ya da üç tane yerse bu orta bir yiyiştir. Fakat benim elli ekmeğe ihtiyacım var, senin altı, eşit değiliz ki. Orta halli oluş, sona göredir, başı ve sonu olan şeye nispetledir. Gören beni uyuyor sanır, halbuki gözüm uyur, gönlüm uyanıktır. Senin gözün açık, kalbin uyuyor, benim gözüm kapalı, kalbim uyanık. Lokma içinde inci olduktan sonra ne istiyorsan ye! Fakat midende temiz de pis hale geliyorsa, boğazını kilitle, anahtarını da sakla!

İ

Ölümsüzlük Ağacını Arayan Padişah

Bilgili biri, temsil yoluyla:

- Hindistan'da bir ağaç var, meyvesini yiyen ne yaşlanır ne de ölür, der.

Padişahlardan biri bunu duyar, doğru sanıp bu ağacı bulmak ve meyvesinden yemek ister. Bunun için yakın adamlarından bilgili birisini Hindistan'a gönderir.

Adamcağız yıllarca Hindistan'da o ağacı arar. Bulmak için şehir şehir gezer, ne ada bırakır, ne dağ, ne ova. Kime sorduysa:

- Bu adam deli mi ne, diye gülüp alay eder. Bazıları da şunu söyleyip istihza ederler:

- Ey akıllı kişi, senin gibi birisinin bu arayışında bir hikmet elbette vardır.

Bazıları işi daha da ileriye götürüp:

- Ey büyük zat, falan diyardaki ormanda yemyeşil bir ağaç var, pek büyük, pek dehşetli, her dalı koskocaman, derler.

Padişahın adamı kimden bir şey duysa aslını araştırmak için çabalar durur. Nice yıllar yollarda gezer, padişah da ona harcırah gönderir. Bu şekilde bir hayli dolaştıktan sonra ümitleri tükenir, aramaktan usanır. Padişahın yanına dönmek için ağlaya ağlaya yola koyulur.

Döndüğü memlekette büyük bir alim, yüce bir şeyh varmış. Padişahın adamı ümitsiz bir halde:

- Önce onun tekkesine gideyim, istediğim olmadı, bari duasını alayım, der.

Gözleri yaş dolu halde şeyhin huzuruna varır. Şeyh:

- Ümidin yoksa bile söyle, der, neye kavuşmak istiyorsun?

- Padişah beni bir ağaç aramak üzere Hindistan'a gönderdi. Meyvesi ab-ı hayat. Yıllardır aradım, bir nişanesini bile bulamadım, ama niceler benimle alay etti, eğlendi.

Şeyh gülümseyerek dedi ki:

- Ey saf adam, bu ağaç, ilim sahibindeki ilimdir. Pek büyük, pek yüce bir ağaçtır o. Meyvesi ab-ı hayattır, ölümsüzlüktür. Sen görünüşe aldanmış, manayı yitirmişsin. Ona gah ağaç derler, gah güneş. O bire sayısız adlar gerek. Bir adam senin baban olur, ama başka birisinin de oğludur, bir başkasının kardeşi, öbürünün dayısı. Bir tek adam olduğu halde onlarca adı var. Bir vasfını bilen öbürünü bilmeyebilir. Kim "Bu ad doğru ad" diye isme yapışır onu ararsa ümitsizliğe düşer, perişan olur. İsmi geç, sıfata bak ki bu sıfat seni zata götürsün.

İ

Üzüm Kavgası

Adamın biri dört kişiye bir dirhem verdi. Adamlardan biri:

- Bu parayla engûr alalım, dedi.

Diğeri Arap'tı:

- Hayır, dedi, ben inep isterim, engûr değil. Üçüncüsü Türk'tü:

- Ne engûr, ne inep, bununla üzüm alalım, diye tutturdu.

Dördüncüleri Rum'du, o da itiraz etti:

- Bırakın bu lafları, dedi, bununla istafil alalım.

Derken kavgaya başladılar. Birbirlerini yumrukluyor, tokatlıyorlardı. Pek çok dil bilen alim birisi onları gördü:

- Durun, dedi, hepinizin de istediği olacak. Parayı aldı, onlara üzüm getirdi.

Türk, Rum ve Arab'ın kavgasından engûr ve inep şüphelerinden başka bir şey çıkmaz. Bu ikilik, manevi dilleri bilen bir Süleyman gelmedikçe kalkmaz.

İ

Çöldeki Zahid

Çöl ortasında yaşayan bir zahid vardı, ibadete dalmış, kendisinden geçmişti. Hacılar civar şehirlerden gelip onun bulunduğu yere ulaştılar. Baktılar ki o kupkuru yerde bir zahid yaşıyor. Öyle bir yerde selamet içinde yaşamasına hayret ettiler.

Zahid, kum üstünde namaza durmuştu. Hararetinden tenceredeki suyun bile kaynayacağı kumun üstünde o sanki bir yeşillikte, çayırlık çimenlik bir yerde gibi ferah ibadet ediyordu. Sanki ayağının altında ipekli örtüler, kumaşlar vardı ve samyeli değil de sabah rüzgarı esiyordu. O namaz kılarken hacılar bekledi. Zahid düşünceye dalmış, kendinden geçmişti, nihayet bulunduğu halden ayrıldı. Hacıların içinde gönül gözü açık bir adam vardı, gördü ki zahidin elinden ve yüzünden sular damlamakta, elbisesi abdest suyundan ıslak.

- Bu su nerden, diye sordu.

Zahid elini kaldırıp:

- Gökten, diye cevap verdi.

- Burada kuyu, ip ve kova yokken ne vakit istesen su bulabilir misin, hemen yağmur yağar mı? Lütfet de bize bunu açıkla!

Zahid ellerini göğe kaldırıp:

- Ya Rabbi, diye niyaz etti, hacıların duasına icabet et! Ben gökten rızık aramaya alışmışım, sen bana gökten kapı açtın.

Zahid münacaat ederken latif bir bulut peyda oldu. Bardaktan boşanırcasına yağmur yağmaya başladı, yerlerde gölcükler meydana geldi. Hacıların hepsi kaplarını ve mataralarını doldurdu.

Fil Yavrusu Yiyenler

Hindistan'da yaşayan akıllı bir adam, dostlarından birkaç kişinin uzak bir seferden geldiklerini, aç ve çıplak bir halde bulunduklarını gördü. Onlara:

- Biliyorum, açsınız, büyük sıkıntılar yaşamışsınız. Şimdi gideceğiniz yolda filler var. Yolunuzdaki fil yavruları pek hoş ve semizdir, fakat sakın onları avlamayın. Çünkü anaları pusudadır, feryad ü figan ile arkalarına düşer. Otlarla, yapraklarla yetinin.

Bunları söyleyip onları uğurladı. Onlar yolda aç kaldılar, susuzlukları arttı. Yolda ansızın yeni doğmuş bir fil yavrusu gördüler. Kurtlar gibi başına üşüşüp yediler. Aralarından biri o akıllı adamın öğüdünü hatırladı da onlarla birlikte yemedi. Fil yavrusunu yiyenler yatıp uyudular, yemeyen ise uyanıktı. Birden bire kızgın bir filin ortaya çıktığını gördü. Önce onun yanına geldi, ağzını üç kere kokladı. Birkaç kere de etrafında dolaştı, sonra da onu bırakıp uyuyanlara gitti. Kimin ağzını kokladıysa ezip parçalaması bir oldu. Teker teker havaya kaldırıp yere vuruyordu.

Haram yemenin, kibrin, hırsın, şehvetin de bir kokusu var. O koku şu mavi gökyüzüne yükselmekte. O koku yüzünden dualar reddedilir.

Şeytanın Vesvesesi

Adamın biri her gece Allah'ı anar, bu zikrinden zevk alırdı. Bir gece Şeytan ona şu şekilde vesvese verdi:

- Bunca Allah demene karşılık onun lebbeyk demesi nerde? Böyle ne vakte dek Allah deyip duracaksın?

Adam bu vesveseden eleme düştü, başını yere koyup yattı. Rüyada Hızır (a.s.)'ı yeşiller giymiş olarak gördü. Hızır ona:

- Niçin zikri bıraktın? Zikretmekten niye vazgeçtin?

- Lebbeyk sesi gelmiyor. Kapıdan kovulacağımdan korkuyorum.

- Senin o Allah demen, sana lebbeyk denilmesidir. Senin o derde düşmen, çareler araman, kapıya kabul edilmendendir. Her Allah demende sana gizlice lebbeyk, buyur denir.

Şehirli ile Köylü

Bir şehirli ile köylünün ahbaplığı vardı. Köylü, şehre geldikçe şehirliye misafir olur, evine kurulup otururdu, iki ay, üç ay konuk olur, dükkanında oturur, sofrasına katılırdı. Şehirli, köylünün her ihtiyacını karşılardı. Köylü bir gün şehirliye dönüp:

- Efendim, dedi, sen hiç seyre seyrana çıkmaz mısın? Allah aşkına bütün çocuklarınla birlikte köyüme gel! Şimdi ilkbahar, gül mevsimi, ya da yazın meyve zamanı gel de sana hizmet edeyim.

Çoluk çocuğunu da getir, üç dört ay kal! Baharda köy pek hoş olur, çayırlık çimenlik, bağ bostan olur, gönle ferahlık verir.

Şehirli, başından savmak için vaadde bulundu, vaadinin üstünden de sekiz yıl geçti. Köylü her yıl:

- Kış gelip çattı, ne vakit geleceksin, diye sorar, o da:

- Bu yıl filan yerden misafir geldi, önümüzdeki yıl işten güçten kurtulursam gelirim, derdi.

- Ailem, çoluk çocuğum sizi bekliyor, ey kerem sahibi, derdi köylü.

Her yıl, leyleklerin geldiği vakit köylü gelir, şehirlinin evine konardı. Şehirli de köylü için malından harcar, ona kol kanat gererdi. Son gelişinde köylü yine üç ay kaldı. Ev sahibi de sabah akşam yedirdi içirdi. Köylü utanıp yine:

- Efendim, dedi, kaç senedir vaad ediyor, beni aldatıyorsun. Bu ne zamana kadar sürecek?

- Her şey Allah'ın takdiriyle, dedi şehirli.

- Ey kerem sahibi, çoluk çocuğunu al gel de ikramımı gör! Köylü, bunu söyledikten sonra şehirlinin elini tutup üç kere and verdi:

- Allah için gel, dedi.

Bunun ardından on yıl daha geçti. Köylü her yıl böyle laflar eder, tatlı vaadlerde bulunurdu. Sonunda şehirlinin çocukları:

- Baba, dediler, ay da sefer eder, bulut da, gölge de. Köylüye bunca hakkın geçti. Senin ona konuk olmanı ve hakkının bir kısmını olsun ödemeyi istiyor. Bize, seni köye gitmeye razı etmemiz için çok ricalarda bulundu.

- Doğru ama, dedi şehirli, "iyilik ettiğin kişinin şerrinden sakın" demişler. Dostluk son demdedir, işin sonu ne olur bilinmez.

Köylü yaltaklanmayı bırakmadı. Sonunda şehirli ihtiyat ve tedbiri unuttu. Köylünün haber üstüne haber salması onu şaşkınlaştırdı. Bir taraftan da çocukları neşeyle:

- Baba, gezer oynar, eğleniriz, diyorlardı.

Bunun üzerine şehirli köye gitmek için yol hazırlığı yapmaya başladı. Eşyalarını katırlara yükleyip çoluk çocuğu ile neşeli bir halde yola koyuldu. Kendi kendilerine:

- Gittiğimiz yer güzel bir çayırlık, çimenlik, diyorlardı, orada sevdiğimiz cömert bir dostumuz da var. Uzun kışın azığını orada tedarik eder şehre döneriz. Hatta dostumuz bağını bile bize bağışlar.

Gündüz güneş yüzlerini yakıyor, gece yıldızlarla yol buluyorlardı. Fakat köyün hayaliyle köy onlara güzelleşiyor, cennet gibi görünüyordu. Böylece gidip duruyorlardı. Köye doğru uçan bir kuş görseler sabırsızlanıyor, köyden gelen bir adam görseler heyecanlanıyorlardı.

Sonunda bir köye geldiler, fakat o köylününki değildi, başka bir yola saptılar. Böylece bir aya yakın köyden köye dolaştılar, çünkü yolu iyi bilmiyorlardı. Nihayet bir ay sonra kendileri perişan, hayvanları yemsiz bir halde o köyü buldular. Köylünün evini sordular, akraba gibi kapısına koştular.

Köylünün evindekiler onlara kapıyı kapadılar, şehirli bu davranıştan dolayı çılgına döndü. Tam beş gün, geceleri soğuktan üşüyerek, gündüzleri sıcaktan yanarak kapıda beklediler. Zaruretten, açlık ve susuzluktan dolayı orada bekliyorlardı. Şehirli köylüyü gördükçe:

- Ben falan kişiyim, adım da şu, diyordu.

- Olabilir, diyordu köylü, fakat sen kimsin, nesin, nasıl bir adamsın, ne bileyim! Belki kötü bir adamsın, belki temiz.

- Soframdan yemek yiyip durmadın mı?! Ben o adam değil miyim?! Filanca gün sana şunu ikram etmemiş miydim?! Aylarca bana konuk olmaz mıydın?! Sayısız ikram ve ihsanımı görmedin mi?!

- Saçma sapan ne konuşup duruyorsun? Ne seni tanıyorum, ne yerini! Ben gece gündüz Allah'ın işlerine dalmış gitmiş, hayran kalmış biriyim. Gönlümde Allah'tan başka bir şey yok. Kendi varlığımdan bile haberim yok.

Beşinci gece gökyüzü bulutlarla örtüldü. Bardaktan boşanırcasına bir yağmur başladı. Çaresiz kalan şehirli köylünün kapısının halkasını dövmeye başladı:

- Ev sahibi çağırın, diye bağırdı.

Köylü, yüzlerce ısrardan sonra kapıya geldi:

- Ne var, dedi.

- Beş günde gündüz sıcaktan yanarak, gece soğuktan donarak beş yıllık zahmet çektim. Bunca haktan vazgeçtim, hiç olmazsa şu yağışlı gecede bize bir yer göster.

- Orada bağcının oku ve yayıyla kurtları beklerken sığındığı bir yer var, sen de o zahmeti çekebilirsen git kal!

- O oku, yayı ver bana, ben kurtları beklerim. Yeter ki bizi yağmurda çamurda bırakma.

Şehirli ve ailesi o daracık yere sığındılar. Selden mağaraya sığınmış çekirgeler gibi adeta üst üste binmişlerdi. Şehirli bütün gece elinde ok ve yayla etrafta kurt araştırmaktaydı. Halbuki onlara musallat olan sivrisineklerle pireler kurttan daha beterdi, fakat kurt korkusundan onlar akıllarına bile gelmiyordu. Kurt gelir de bir zarar verirse köylü şehirlinin saçını sakalını yolardı. Derken bir tepeden saldırıp gelmekte olan bir kurt karaltısı göründü. Şehirli bir ok attı, hayvanı vurdu. Hayvan düşerken bir yellendi, köylü bunu duyup:

- Eyvah, dedi, eşeğimin sıpasını vurdun.

- Yok, dedi şehirli, dev bir kurt.

- Hayır, yellendi ya, tanıdım ben. Onun yellenmesini tanırım.

- Vakit gece, insan geceleyin iyi göremez. Hele bu gece hem karanlık, hem bulut var, hem de şiddetli yağmur. Bu üç karanlık insanı yanıltır.

- Hayır, bu yellenme benim eşeğimin sıpasının yellenmesi. Bunun üzerine şehirli köylünün yakasına yapıştı:

- Ey hilekâr, dedi, bu üç karanlık içinde eşeğin yellenmesini tanıyorsun da beni nasıl tanımıyorsun?! Gece yarısı eşek sıpasını tanıyan adam, gündüz dostunu nasıl tanımaz?! "Benim kendimden bile haberim yok, gönlüme Allah'tan başka bir şey sığmıyor ki" diyordun, ama eşek sıpasının yellenmesi seni böyle rüsvay etti.

i

Ashabın Cuma Namazını Terk Etmesi

Ashab kıtlık yılında bir Cuma günü camideydiler. O sırada, kervanın geldiğini gösteren davul sesini duydular. Hz. Peygamber (s.a.s.)'i hutbe okur halde bırakıp dışarı çıktılar. Başkaları daha ucuz almasın, alışverişten zararlı çıkmayalım diye düşünüyorlardı. Hz. Peygamber, kendisini Allah'a kulluğa vermiş birkaç kişiyle kaldı. Bunun üzerine Allahu Teala şöyle vahyetti:

- Boş işler ve alışveriş sizi Allah'ın Rasulü'nden nasıl ayırdı? Şaşkın bir halde buğdaya doğru dağıldınız da Peygamber'i ayakta yalnız bıraktınız. Rızık verenlerin en hayırlısı olduğumu bilmiyor musunuz?!

Buğdaya güneşle rızık veren Allah (c.c.), senin O'na tevekkülünü, O'na dayanmanı nasıl olur da zayi eder?! Buğday için, buğdayı yaratıp lütfedenden ayrılmak olur mu?!

İ

Boyacı Küpüne Düşen Çakal

Bir çakal boyacı küpüne düşmüştü. Sonra postu boyanmış olarak çıktı. Kendini yeşil, kırmızı, pembe ve sarı renklerde görünce:

- Ben mana aleminin tavusuyum, demeye başladı.

Postu boyalı ve parlaktı, güneş de daha güzel gösteriyordu. Diğer çakallar ona:

- Ey çakal, bu ululuğa nasıl ulaştın, diye sordular. Çakallardan biri ise şöyle dedi:

- Sen ya hile yapıyorsun ya da hakikaten bir manevi hal ve zevke eriştin.

- Şu rengime bir baksana. Gül bahçesi gibi bir hale geldim. Allah'ın lütfuna mazhar oldum. Basit bir çakal hiç böyle güzel olabilir mi? Dedi.

- Peki sana çakal demeyeceksek ne diyeceğiz?

- Yıldıza benzeyen erkek aslan deyin. Bunun üzerine çakallar dediler ki:

- Tavuslar gül bahçelerinde salınırlar, sen de öyle yapabiliyor musun?

- Olur mu öyle şey, çöle düşmeden nasıl Mina'ya vardım diyebilirim? !

- O halde tavus kuşları gibi bağırabilir misin?

- Ne gezer!

- Tavusun güzellik elbisesi doğuştandır. Hileyle, iddia ile hiç o güzelliğe sahip olabilir misin?!

Pek çok çakal minber ve kürsülere çıkıp halkı kendine meftun etmeye çalışır. Fakat iç yüzleri boştur.

İ

Bıyığını Yağlayan Adam

Adi bir adam bir kuyruk parçası bulmuştu. Her sabah bıyığını onunla yağlar, sonra da ileri gelenlerin yanına gidip:

- Evde yağlı yemekler yedim, derdi.

Bu arada da sözünün doğrulunu ispat için eliyle bıyıklarını sıvazlardı. Bıyıklarının yağlı oluşunu delil gibi göstermek isterdi. Karnı ise sessiz sedasız:

- Şu kötü iddian olmasaydı, derdi, belki cömert biri bize acırdı. Noksanını, yoksulluğunu söyleseydin, bu yalan ve düzenlere sapmasaydın biri çıkar da derdine deva olurdu.

Derken, bir kedi gelip o kuyruk parçasını kapıp götürdü. Bütün ev halkı kedinin peşine düştüler, fakat yakalayamadılar. Babasından azar işiteceğini düşünen evin çocuğunun beti benzi kaçtı. Doğru babasının yanına koştu. Babası bir toplulukta oturuyordu:

- Baba, dedi, hani şu sabahları dudaklarını, bıyığını yağladığın kuyruk parçası vardı ya, kedi geldi kapıverdi. Ardına düştük, epeyce kovaladık ama yakalayamadık.

Oradakiler şaşırıp gülüştüler, adamın durumuna acıdılar. Onu davet edip doyurdular.

Aç olduğunu söylemiyorsan bari tokluk iddiasında bulunma. Ayıbını söylemiyorsan hiç olmazsa sus, gösterişe sapma! Bir para elde ettiysen ağzını açma, yolda imtihanlar var.

İ

Hz. Musa (a.s.)'ın Doğumu

Firavun'un emrinde binlerce müneccim, rüya tabircisi ve büyücü vardı. Rüyasında Hz. Musa'nın doğacağını ve saltanatını mahvedeceğini görmüştü. Tabircilerle müneccimlere:

- Bu kötü rüyanın gösterdiği şeyden nasıl kurtulabilirim, dedi. Hepsi de şu karşılığı verdi:

- Çocuğun doğmasına mani olalım.

Ana rahmine düşme gecesi gelince Firavun'un adamları şu çareyi uygun gördüler. O gün İsrailoğullarını erkenden meydana, Firavun'un huzuruna götürecekler ve şu ilanı yaptıracaklardı:

- Ey İsrailoğulları, haydi, Firavun sizi falan yerde huzuruna kabul edecek. Size yüzünü gösterecek, ihsanda bulunacak.

Esirler Firavun'a hiç yaklaşamazlardı, çünkü onu görmeleri yasaktı. Hatta yolda Firavun'a rastlasalar, onun geldiğini bildiren münadilerin sesini duyunca yüzüstü yere kapanmaları emredilmişti. Şayet yüzünü görürse suçlu sayılır, en kötü cezalara çarptırılırdı. İsrailoğulları da Firavun'un yüzünü merak eder, görmeyi çok isterlerdi.

Bu planı uyguladılar. Münadiler şu duyuruyu yaptı:

- Ey esirler, meydana toplanın. Firavun size yüzünü gösterecek, ihsanlarda bulunacak.

İsrailoğulları bu müjdeyi duyunca hileye inandılar, süslenip püslenip sabah erkenden coşkuyla koştular. Firavun da onlara yüzünü gösterdi, ihsanlarda bulundu. Sonra da:

- Bu gece hepiniz bu meydanda kalın, burada yatıp uyuyun, dedi.

- Ne dilersen yaparız, dediler, istersen bir ay bile kalırız. Firavun geceleyin:

- Bu gece ana rahmine düşme gecesi, fakat hepsi de hanımlarından ayrı, diye sevinerek oradan ayrıldı. Haznedarı İmran da yanındaydı, onunla konuşa konuşa sarayına döndü. Firavun:

- İmran, bu gece sen de burada yat, hanımının yanına gitme, dedi.

- Peki, dedi İmran.

İmran da İsrailoğullarındandı fakat Firavun'un en güvendiği adamlardandı. Firavun gitti, İmran da orada yatıp uyudu. Gece yarısından sonra karısı onu görmeye geldi. Üstüne kapandı, gece yarısı onu uykudan uyandırdı. Böylece İmran kendisini tutamadı ve emaneti ona verdi. Dedi ki:

- Kadın, bu küçük bir iş değil. Sakın bunu kimseye söyleme. Gizle ki sana da bana da yüzlerce gam ve keder gelmesin.

Tam o sırada meydandaki halk naralar atmaya başladı. Firavun gece yarısı gelen bu naralardan dehşete kapılıp sıçradı, gürültünün ne olduğunu anlamak için yalınayak koştu. Gürültülerin ne olduğunu anlamak istiyordu. İmran:

- Firavun'un ömrü uzun olsun, dedi, İsrailoğulları ihsanlarınıza seviniyor, sevinçlerinden el çırpıyorlar.

- Olabilir, fakat beni bir endişe kapladı, dedi Firavun, bu gürültü asabımı bozdu.

Firavun bütün gece endişe içinde yatağında kıvrandı durdu. Sabah olunca İmran'a:

- Git de o gürültünün sebebini öğren, dedi. İmran meydana koşup:

- Bu gürültü patırtı neydi, Firavun uyuyamadı, dedi.

O böyle deyince müneccimler yaslılar gibi başı açık, yeni yakası yırtık bir halde toprağı öptü. Saçlarını sakallarını yoluyor, yüzlerine vuruyorlardı. Gözleri kanlı yaşlarla doluydu.

- Bu ne hal, dedi İmran, niye feryat ediyorsunuz? Özürler dileyerek dediler ki:

- Her çareye başvurduk, fakat Firavun'un talihi karardı, düşmanı dünyaya geldi, galip oldu. Geceleyin gökyüzünde o çocuğun yıldızı göründü. Onun yıldızı gökte görününce biz de ağlamaya başladık. İmran içinden sevindi, fakat zahiren elini başına vurup:

- Eyvah, dedi.

Suratı bir karış, öfkeli bir halde deliler gibi müneccimlerin üzerine yürüyüp onlara ağır sözler söyledi. Sevincini gizliyor, kendini meyus ve mahzun gösteriyordu.

- Firavun'u aldattınız, diyordu, ihanet ettiniz. Onu bu meydana kadar getirip şerefini hiçe saydınız.

Firavun da bunu duyunca:

- Hainler, dedi, sizi asayım da görün. Kendimizi gülünç hallere düşürdük, düşmanlarımıza ihsanlarda bulunduk, zarar ettik. Bu gece İsrailoğulları hanımlarından ayrı kaldı diye mal da gitti, şeref de. Yıllardır paralar, elbiseler alıyor, ülkenin servetini yiyip duruyorsunuz, bu mu sizin yıldız bilginiz! Sizin yiyip içtiklerinizi fitil fitil burnunuzdan getiririm.

- Hükümdarımız, dedi müneccimler, yıllardır nice belalar defettik. Bu sefer tedbirimiz işe yaramadı, düşmanın ana rahmine düştü. Fakat biz de doğum gününe dikkat ederiz. Doğacağı günü hesaplayacak, gözleyeceğiz. Ey hükümdar, bunu da yapamazsak bizi öldür.

Firavun dokuz ayı gün gün saymaya başladı. Dokuz ay sonra yine tahtını meydana kurdurup münadilere duyurular yaptırdı:

- İsrailoğullarının bütün kadınları çocuklarıyla meydana gelsinler, diye bağırdı tellallar, bundan önce erkekler ihsanlara nail oldular. Şimdi sıra kadınlarda. Bu ay doğan çocuklar daha büyük ihsanlara nail olacaklar.

Bunu duyan kadınlar sevindiler, çocuklarıyla meydana koştular. Yeni doğurmuş olan her kadın hileden habersiz meydana geldi. Kadınların hepsi toplanınca erkek çocukları analarının kucaklarından aldılar, başlarını kestiler.

İmran'ın karısı meydana gitmemişti. Firavun evlere de denetçi ebeler gönderdi. Ebeler İmran'ın karısının durumunu öğrendiler.

Bunun üzerine memurlar eve gitti. İmran'ın karısı Allah'ın ilhamıyla Hz. Musa'yı tandıra attı. Ateş Musa a.s.'ı yakmadı. Çocuğu bulamayan memurlar ümitsizlik içinde çekilip gittiler. Fakat koyucular işi anlayıp, Firavun'dan para koparmak için memurlara durumu anlattılar.

- Gidip evin penceresinden içeriye bir bakın, dediler.

Hz. Musa'nın anasına yine ilham olundu:

- Çocuğunu suya at, denildi, Nil'e at, korkma, sana kavuşturulacak.

Bunun sonucunda Hz. Musa, Firavun'un sarayında himaye altına alındı. O dışarıda binlerce çocuk öldürüyor, Hz. Musa ise onun sarayında baş köşede yetiştiriliyordu.

Körlerin Fili Tarifi

Hintliler bir fili halka göstermek için getirip karanlık bir ahıra kapattılar. Hayvanı görmek için o karanlık yere bir hayli adam toplandı. File ellerini sürmeye başladılar. Birisi eline hortumunu geçirdi:

- Fil bir oluğa benziyor, dedi. Başka biri filin kulağını yakaladı:

- Fil, yelpaze gibi bir hayvan, dedi. Filin ayağını yakalayan ise:

- Fil bir direğe benziyor, dedi.

Bir başkası da sırtına dokunmuştu:

- Fil, taht gibi, dedi.

Herkes filin neresine dokunduysa ona göre anlatmaya başladı. Herkesin elinde bir mum olsaydı, sözlerinde aykırılık kalmazdı.

Duyu gözü ele, avuca benzer, avuç bütün fili tutamaz ki. Bu gözü yum da hakiki göz kesil.

i

Nuh (a.s.) ve Oğlu Kenan

Hz. Nuh (a.s.) zamanında sular kabardığında Nuh (a.s.)'un oğlu Kenan da gemiye binmekten kaçınmıştı. Nuh (a.s.) ona:

- Gel de gemiye gir, tufana gark olma, dedi.

- Hayır, dedi Kenan, ben yüzme öğrendim.

- Kendine gel, bugün yüzme bilenin eli ayağı işe yaramaz.

- O zaman ben de şu yüksek dağa çıkarım, o beni kurtarır.

- Aklını başına topla, dağ şimdi bir saman çöpü mesabesindedir. Allah, dostlarından başkasına aman vermez.

- Ben ne zaman senin öğüdünü dinledim ki şimdi sana uymamı istiyorsun?!

- Bugün naz günü değildir, Allah kimsenin nazını çekmez.

- Yıllardır bu sözleri söylüyorsun, şimdiye kadar kulağıma girmedi, şimdi mi girecek?! Artık büyüdüm, bilgi sahibiyim.

- Bir kerecik olsun öğüdümü tutsan ne olur?!

Nuh (a.s.) bu şekilde yumuşak nasihatlerde bulunuyor, oğlu Kenan da sert karşılıklar veriyordu. Ne Nuh (a.s.) öğüt vermekten usandı ne de Kenan'ın kulağına onun sözü girdi. Onlar böyle konuşup dururlarken yüksek bir dalga geldi, Kenan'ı kapıp götürdü. Nuh (a.s.):

- Ya Rabbi, dedi, bana mensup olanların tufandan kurtulacaklarını vaad etmiştin.

Allahu Teala bunun üzerine şöyle vahyetti:

- Ey Nuh, o senin ehlinden, yakınlarından değil.

- Ya Rabbi, diye niyaz etti Nuh (a.s.), senden başka kimsem yok. Sana teslim olan ağyar sayılmaz.

Allahu Teala da şöyle vahyetti:

- Ey Nuh, eğer istiyorsan bütün boğulanları yeniden dirilteyim. Senin hatırını bir Kenan için kırmam.

- Hayır Ya Rabbi, dedi Hz. Nuh, eğer beni de gark etsen yine hükmüne razıyım.

i

Zeyd'in Yediği Sille

Adamın biri Zeyd adlı birine bir sille vurdu. Zeyd de adamı dövmek üzere üzerine yürüdü. Bunun üzerine adam:

- Dur, dedi, senden bir şey soracağım, cevabımı ver, ondan sonra döv. Senin kafana vurunca şırak diye bir ses çıktı. Şimdi senden dostça soruyorum: Bu şırak sesi benim elimden mi, yoksa senin kafandan mı çıktı?

- Acıdan kurtulmadım ki bunu düşüneyim, dedi Zeyd, Senin derdin yok, sen düşüne dur!

Dert sahipleri anlamsız şeyleri düşünmezler!

Yaşlı Adamla Berber

Saçı sakalı ağarmış bir adam usta bir berbere gidip:

- Usta, dedi, saçımdaki sakalımdaki akları ayır, yol. Bir yeni gelin aldım.

Berber, adamın saçını sakalını dipten tıraş edip önüne koydu:

- Benim bir işim çıktı, dedi, sen ayırıver!

Leyla'ya Komşu Köpek

Mecnun bir köpeği okşuyor, öpüyor, önünde yanıp eriyordu. Etrafında pervane gibi dönüyor, ona hizmet ediyor, yedirip içiliyordu. Adamın birisi:

- Ey Mecnun, dedi, bu ne biçim sersemlik! Köpek daima pis şeyleri yer, kendisi de pistir, ardını bile diliyle temizler.

Bu şekilde köpeğin kusurlarını sayıp döktü. Bunun üzerine Mecnun şöyle dedi:

- Gel de bu köpeğe benim gözümle bir bak! Bu köpek, Leyla'nın mahallesinin bekçisi. Gönlüne bak ki nereyi yurt tutmuş! Leyla'nın mahallesinde yurt edinen köpeğin ayağının bastığı toprak bile aslanlardan yeğdir.

Suretten geç de manaya bak!

i

Aşık ve Maşuk

Sevilen biri, aşıklarından birisini huzuruna çağırdı. Aşık, aşk mektubunu çıkarıp okumaya başladı. Sevilen dedi ki:

- Eğer benim içinse bu okuma, kavuşma zamanı vakit zayi etmektir. Ben yanındayım, sen mektup okuyorsun, bu sevmek değildir.

- Doğru, sen buradasın ama, dedi aşık, senden geçen yıl aldığım zevki, şimdi vuslatına erdiğim halde alamıyorum. Bu sudan içmiştim, şimdi kaynağı görüyorum, fakat su yok.

- Şu halde sen bana değil, bir hale aşıksın. Fakat hal elde kalmaz ki. Senin istediğin ben değilim. Bu cihanda istediğin şeyin bir kısmı bende var. Sen bir hale sahip olmak için benim etrafımda dönüp dolaşıyorsun.

i

Şeyh el-Akta'

Dağlarda yasayan bir derviş vardı. Yalnızlık dostu ve arkadaşıydı. Dağlardaki elma, armut, nar gibi meyveleri yer, başka hiçbir şey yemezdi.

- Ya Rabbi, seninle ahdim olsun, ağaçlardan meyve toplamayayım, rüzgârla düşenlerden başkasına elimi uzatmayayım, demişti.

Nezrine bir süre vefa etti. Sonunda rüzgârın hiç esmediği günler geldi. Derviş tam beş gün sabretti, armut ağacını silkmedi, fakat açlığı şiddetleniyordu. Bir dalda birkaç armut gördü, fakat yine sabredip kendisini çekti. Bu sırada rüzgâr dalı eğdi, dervişin nefsi galebe çaldı, açlık zahidi nezrine vefadan alıkoydu. Ahdini unuttu, daldaki armudu koparıp yedi.

O sırada, yirmi ya da daha fazla hırsız da o civara gelip konmuşlardı. Çaldıkları şeyleri aralarında pay ediyorlardı. Birisi emniyet müdürüne haber vermişti, adamları gelip hepsini yakaladılar. Bu arada bilmeden zahidi de tutukladılar. Emniyet müdürü hiddete gelip cellada:

- Hepsinin el ve ayaklarını kes, diye emretti.

Cellat oracıkta hepsinin sol ayaklarıyla sağ ellerini kesmeye başladı. Sıra zahide geldi, önce elini kestiler, cellat ayağını da kesmek üzereyken, yüksek rütbeli bir atlı gelip yetişti. Cellada:

- Ey köpek, kendine gel, dedi, bu filan şeyhtir. Neden onun elini kestin?

Cellat elbisesini yırtıp başını döverek yana yakıla emniyet müdürüne durumu anlattı. Emniyet müdürü yalınayak gelip özürler dilemeye başladı:

- Allah şahit ki bilmedim, beni bağışla, diye yalvarmaya başladı. Şeyh dedi ki:

- Ben bunun sebebini biliyorum, suçumu anlıyorum, dedi, ben O'nun yemininin hürmetini çiğnedim, O da benim yeminimle sağ elimi kestirdi. Sana hakkımı helal ettim, sen bilmeyerek yaptın.

Böylece zahidin adı halk arasında Şeyh-i Akta' kaldı, Eli Kesik Şeyh. Bir gün adamın biri onu çerçöpten yapılmış bir gölgelikte ziyaret etti. İki elle zembil örmekte olduğunu gördü. Şeyh ona:

- Neden izinsiz içeri girdin, diye sordu.

- Sevgimden, dedi adam.

- Öyleyse gel, fakat bunu gizle, hiç kimseye söyleme! Bundan sonra halktan bir grup da onu iki elle zembil örerken pencereden gördüler.

Şeyh:

- Ya Rabb", hikmetini sen bilirsin, dedi, ben gizliyorum, sen açıyorsun.

Ona şöyle ilham geldi:

- Birkaç kişi senin elinin kesik olmasını kınadılar. Bu yolda yalancı olmandan dolayı Allah'ın seni rüsvay ettiğini ileri sürdüler. Onların bu kötü şüphe içinde kalmaları istenmedi.

i

İleri Görüşlü Kuyumcu

Adamın biri bir kuyumcuya gelip:

- Bana terazini versene, altın tartacağım, dedi.

- Bende kalbur yok, dedi kuyumcu.

- Benimle alay etme, dedi adam, ver şu teraziyi.

- Dükkanımda süpürge yok!

- Bırak alay etmeyi, ben senden terazi istiyorum, anlamazlıktan gelme.

- Sözlerimi manasız sanma, dedi kuyumcu, sen kuvveti kudreti kalmamış bir ihtiyarsın, hiç şüphem yok ki, zayıflıktan elin titreyecek. Tartacağın altın külçe de değil, tozu var, kırık dökük. Elin titreyecek, yere dökeceksin. Sonra da bana gelip, toza toprağa dökülen altınını süpürmek için benden süpürge isteyeceksin. Altını süpürüp bir yere toplayınca da, topraktan ayırmak için gelip kalbur isteyeceksin. Ben işin sonunu önceden gördüm, sen başka tarafa git!

Akıllılar önceden feryat ederler, bilgisizlerse işin sonunda başlarına vururlar! Sen işin önünde sonunu gör de kıyamet günü pişman olma!

İ

Hz. İsa'nın Ahmaklardan Kaçması

Hz. İsa, sanki bir aslan kovalıyormuş gibi dağa doğru kaçıyordu. Birisi ardından koşup:

- Ey Peygamber, dedi, hayrola, peşinde kimse yok, neden böyle kuş gibi kaçıyorsun?

Hz. İsa öyle hızlı koşmaktaydı ki, acelesinden cevap bile veremedi. Adam da onun ardı sıra koşmaya başladı, arkadan bağırdı:

- Allah rızası için biraz dur da söyle, neden kaçıyorsun? Arkanda kovalayan yokken neden böyle yapıyorsun?

- Bir ahmaktan kaçıyorum, dedi Hz. İsa. Benim yolumu kesme de kendimi kurtarayım.

- Körün gözlerini, sağırın kulağını açan sen değil misin?

- Evet, benim.

- Ölüleri diriltmiyor musun?

- Evet.

- Topraktan canlı kuşlar yapan da sen değil misin?

- Evet, benim.

- Öyleyse kimden korkuyorsun?

- Allah'ın adına yemin olsun ki, İsm-i Azam'ı köre okudum gözleri açıldı, sağıra okudum duydu, ölüye okudum dirildi. Fakat ahmağın gönlüne yüzlerce kere okudum fayda vermedi.

- Bunun hikmeti ne? Neden ahmağa tesir etmiyor?

- Ahmaklık Allah'ın kahrıdır. Hastalık, körlük, sağırlık kahır değildir, bir iptiladır. İptila acınacak bir şeydir, ona Allah da, kul da acır. Fakat ahmaklık ahmağa da, onunla konuşana da zarar verir. Ahmağa çare bulmanın imkanı yok!

Toprak suyu nasıl yavaş yavaş çekerse ahmak da insanın dinini böyle çalar.

İ

Âmâ Şeyhin Sırrı

Bir zamanlar yoksul bir derviş temmuz ayında kör bir şeyhin evine misafir olmuştu. O iki zahid birkaç gün için bir araya gelmişlerdi. Misafir, evde bir Mushaf gördü. Kendi kendisine:

- Bu Kur'an-ı Kerim'in burada işi ne, diye düşündü.

Bu fikirle huzuru kaçtı. Evde kör şeyhten başka kimse olmadığına göre mushafın işi neydi?! Bir şey sormamaya, sabretmeye karar verdi. Gece yarısı Kur'an sesi duydu. Kör, mushaftan Kur'an okuyordu, hem de yanlışsız. Dedi ki:

- Ey şeyh, gözün görmediği halde nasıl oluyor da o satırları okuyabiliyorsun? Okuduğun satıra bakıyor, parmağını harflerin üstünde gezdiriyorsun.

Âmâ şeyh:

- Allah (c.c.) bunu yapamaz mı ki, niye şaşıyorsun, dedi, ben Allah'tan, Kur'an okurken görmeyi niyaz etmiştim. Allah'tan bana bu duamın kabul olduğuna dair nida geldi. Ne vakit okumak üzere mushafı elime alsam gözlerim görür.

Allahu Teala (c.c.) kuldan neyi alırsa ona karşılık ihsanlarda bulunur. Veli, bu sebeple Allah'a itiraz etmez.

İ

Seba Halkının Nankörlüğü

Seba, çok büyük, azametli bir şehirdi. On şehir halkı oraya toplanmıştı. Allah (c.c.) onlara nice bağlar, bostanlar vermiş, pek çok nimetler ihsan etmişti. Ağaçlardan dökülen meyvelerin bolluğundan yol daralır, geçenler geçemez olurlardı. Ağaçları kimse silkelemez, meyveler rüzgârla kendiliğinden düşerdi. Meyveler dallardan aşağılara sarkar, gelen geçenlerin başına, yüzüne değerdi. Şehirler ve köyler hırsızlıktan emindi.

Seba halkına tam on üç peygamber gelmiş, yol göstermek istemişlerdi. Onlara şöyle demişlerdi:

- Allah'ın nimetlerine şükredin. Bir şükre bedel bu kadar nimeti kim verir? Allah insana baş verir, şükür için bir secde ister, ayak verir şükür için bir oturma ister.

Sebalılar peygamberlere şöyle dediler:

- Biz şükürden de usandık, nimetten de. Nimetleri de istemiyoruz, bahçeleri de.

Peygamberler şöyle karşılık verdiler:

- Bu, sizin gönlünüzdeki hastalıktan kaynaklanıyor. Nitekim hasta insanlar yedikleri nimetlerden tat almazlar. Biz iş ve söz hekimleriyiz. Kimseden ücret istemeyiz, ücretimiz noksanlıklardan münezzeh olan Allah'tandır.

- Peki buna bir deliliniz var mı?

- Güneş doğduktan sonra gündüz olduğundan hala şüphedeyseniz, gündüz olduğuna delil arıyorsanız, bu körlüğünüze delildir.

- Hayır, dedi Sebalılar, bütün bunlar riya ve hileden ibaret. Nasıl olur da Allah falanı filanı kendisine elçi yapar? Allah'ın elçisinin melek olması lazım.

Bunun üzerine peygamberler:

- Ey akılsızlar, dediler, size canla başla verdiğimiz nasihatler, sizin ancak azgınlığınızı artırdı. Yazıklar olsun!

- İyi söylüyorsunuz ama, dedi Sebalılar, Allah bizim gönlümüzü kilitledi, biz ne yapalım. Kimse kaderimizi değiştiremez. Taşa yüzyıl boyunca lal ol desen de yine taş olarak kalır.

Peygamberler şöyle cevap verdiler:

- Evet, Allah (c.c.) kurtulmaya imkan bulunmayan sıfatlar yaratmıştır, ama terk edilmesi mümkün olan arız sıfatlar da vardır. Taşa altın ol demek beyhudedir, ama toprağa balçık ol dersen bu yerindedir, toprak balçık olabilir. Körlük gibi çaresiz hastalıklar vardır, ama baş ağrısı gibi çaresi bulunan hastalıklar da mevcut.

- Bu bizim derdimiz deva kabul etmez. Yıllarca bize öğüt verdiniz, ama her an derdimiz arttı.

- Ümitsizliğe düşmeyin, Allah'ın ihsan ve rahmetlerine son yoktur. Ümitsizlikten sonra nice ümitler var, karanlığın ardında nice güneşler var.

- Siz bize uğursuz geldiniz. Hiçbir derdimiz yokken bizi endişelere, meşakkatlere saldınız. Birlik bütünlük içinde bir topluluktuk, sizin yüzünüzden aramıza yüzlerce ayrılık girdi, işiniz gücünüz kötüye yormak, kötü haber, azap tehdidi. Bütün çabanız alemi derde düşürmek.

- Kötüye yoruş sizin ruhunuzda, dedi peygamberler. Bir doktor size, "Koruk yemeyin, şöyle bir hastalık verir" dese, "Neden kötüye yoruyorsun?" mu dersiniz?! Ardından bir yılan gitse, birisi de görüp haber verse, "Sus, beni dertlendirme, bana keder verme!" mi dersiniz?

İ

Tavşan ve Fil

Bütün hayvanlar, fil sürüsü yüzünden su kaynağına gidemez olmuşlardı. Korkudan hiç birisi o tatlı suya yanaşamıyordu. Güçleri, kuvvetleri yoktu, o yüzden bir hileye başvurdular, ihtiyar bir tavşan, ayın ilk gecesi dağın tepesine çıkıp bağırdı:

- Ey fil padişahı, gel de kaynağa bak. Şu gökteki koskocaman ay, kaynağın kendisinin olduğunu söylüyor, fillerin kaynağın başından dağılmasını istiyor. Ben elçiyim, elçiye zeval yok. Bu kaynağı bırakın da ayın hışmından kurtulun. Sözümün doğruluğunun alameti şu: Filler su içmek için kaynağa geldiler mi su harekete gelir.

Ayın yedisi, sekizi olunca fil sürüsünün padişahı su içmek için kaynağa geldi. Hortumunu suya daldırınca su çalkalandı, ayın sudaki görüntüsü de hareket etti. Fil, suyun içinde ayın titrediğini, harekete geldiğini görünce tavşanın sözüne inandı. Böylece filler kaynağın başını terk ettiler, diğer hayvanlar da rahatça su içmeye başladılar.

Tavşan, aslında Şeytandır. Senin nefsine elçi olarak geldi. Ahmak nefsini, Hızır'ın içtiği ab-ı hayattan mahrum etti.

Hırsız ve Ev Sahibi

Hırsızlığa alışmış biri bir gece bir evin duvarının dibini deliyordu. Ev sahibi hastaydı, gece yarısı yavaş yavaş bir tak tak sesi duydu. Dama çıkıp aşağıya eğildi, hırsızı gördü:

- Hey, ne yapıyorsun, dedi, hayırdır inşallah, gece yarısı neyle uğraşıyorsun, kimsin?

- Davulcuyum, dedi hırsız.

- Peki burada ne yapıyorsun?

- Davul çalıyorum.

- Be adam, davul sesi hani?

- Hele bekle, yarın sesini duyarsın. "Eyvahlar olsun" dediğin zaman kafana dank eder.

Bey ve Kölesi

Bir bey hamama gitmeye karar verdi. Seher vakti kölesine:

- Sungur, dedi, uyan, hamam tasını, peştemalı, havluyu, sabunu al da hamama gidelim. Sungur hamam tasını, peştemalı, havluyu vs. hazırladı. Beraberce yola koyuldular. Yol üzerinde bir cami vardı, ezan da okunmaktaydı. Sungur dedi ki:

- Beyim, lütf edip şu dükkanda birazcık otur da ben namazı kılayım.

Bey dükkana girip oturdu, imamla cemaat namazı kılıp camiden çıktılar. Sungur kuşluk çağına kadar içerde kaldı. Bey bir süre bekledi.

- Sungur, diye seslendi, neden dışarı çıkmıyorsun?

- Efendim, bırakmıyorlar, diye cevap verdi köle. Lütfen birazcık daha bekle, şimdi geliyorum.

Bey tam yedi kere bu şekilde seslendi, bekledi durdu. Nihayet sabrı tükendi:

- Yahu, dedi, mescitte kimse kalmadı, seni orada tutup da bırakmayan kim?

Köle şöyle cevap verdi:

- Seni dışarda tutup da içeriye sokmayan yok mu, işte beni dışarıya bırakmayan o.

Behlül ve Derviş

Behlül, dervişin birine:

- Ey derviş, dedi, halin nasıl, anlat bakalım.

Derviş:

- Dünyadaki işler daima bir adamın gönlünce olursa o adamın hali nasıl olur, dedi, işte ben o haldeyim.

- Bu hale sahip olduğun yüzünün nurundan belli, dedi Behlül, fakat bunu bana herkesin anlayacağı şekilde anlat.

- Şu herkesçe malumdur ki alem Allah'ın emrine ram olmuştur. O'nun kaza ve kaderi olmadan ağaçtan yaprak bile düşmez. Nasip etmedikçe boğazdan lokma girmez, insanların yuları, dizgini olan gönüldeki istekler de Allah'ın emriyle meydana gelir.

O halde, Allah'ın takdirine kul razı olursa, bu rıza sevap için değil, kendiliğinden ve gönül hoşluğuyla olursa, artık böylesi kul Allah için güler, neşelenir. Kaza ve kader onun için şekerle yapılmış helva gibidir. Bu kulun huyu ve yaradılışı böyle olursa, alem onun emrine, fermanına tabi sayılmaz mı?

İ

Enes Bin Malik'in Havlusu

Enes bin Malik(r.a.)'e misafir gelmişti. Yemekten sonra havlusunu yemeğe bulaşmış, kirlenip sararmış gören Enes (r.a.), hizmetçi kadına:

- Bunu al, tandıra at, bir süre orada kalsın, dedi.

Hizmetçi hiç düşünmeden havluyu tandıra attı. Bütün misafirler şaşırıp kaldılar, havlunun yanacağını düşünüyorlardı. Fakat hizmetçi bir süre sonra havluyu tertemiz olarak getirdi. Oradakiler:

- Ey Peygamber'in arkadaşı, dediler, havlu nasıl oldu da hem yanmadı hem de temizlendi?

- Bu havluya, dedi Enes (r.a.), Resulullah (s.a.s.) elini ağzını silmişti, o yüzden.

Misafirler daha sonra hizmetçi kadına:

- O söyler söylemez nasıl oldu da havluyu ateşe fırlattın, diye sordular.

- Ben ona güvenirim, dedi kadın, onların kereminden ümitsiz değilim.

Bu el, bu ağız cansız bir nesneye böyle bir yücelik verir de ateşten korursa, iman sahibine neler yapmaz.

İ

Çocukları Ölen Şeyh

Bundan çok önce makamı pek yüksek bir şeyh vardı. Halka yol gösterirdi, adeta bir kandildi. Bir sabah karısı ona:

- Ey efendi, dedi, yüreğin neden böyle katı? Senin oğullarının ölümünden biz iki büklüm olduk, gözlerimizden kanlı yaşlar akıyor, fakat sende hiç ağlama, feryat yok. Yoksa gönlünde merhamet mi yok?

Şeyh şöyle cevap verdi:

- Merhametsiz ve katı kalpli olduğumu sanma. Ben, Allah'a küfran-ı nimette bulundukları halde kâfirlere bile acırım. Hatta, halk taşlıyor diye köpeklere bile acırım.

- Peki öyleyse, kendi çocuklarına niçin ağlamıyorsun? Gözyaşı merhamete delildir, yürek yanmadan göz yaşarmaz. Neden ağlamıyorsun?

- Onlar gönül gözümden kaybolmadılar ki. Onları gözümün önünde görüp dururken neden senin gibi yüzümü yırtayım?! Halk onları rüyada görür, ben ise uyanıkken rüyadaki gibi görüyorum.

İ

Beyazlaşan Zenci

Çölde bir Arap kervanı susuz kalmış, kırbalarında bir damla bile su kalmamıştı. Yağmur da yağmıyordu. Kervan halkı o çöl ortasında bunalmış, ölüm haline gelmişti. Ansızın Hz. Peygamber s.a.s. yoldan çıkageldi. Çölde, o kızgın kumların üstünde bunalıp kalmış olan o kervanı gördü. Develerinin dilleri ağızlarından sarkmış, adamlar kumların üstüne serilip kalmışlardı. Bu hali görünce acıdı.

Yanındakilere:

- Koşun, dedi, birkaçınız şu kum tepesinin yanına gidin. Orada zenci bir köle efendisine kırbayla su götürüyor, onu devesiyle birlikte bana getirin.

Birkaç kişi kalkıp kum tepesine doğru koştular. Bir müddet sonra zenci köleyi gördüler. Kırbasını doldurmuş, devesine binmiş, efendisine su götürüyordu. Zenciye:

- Seni, kainatın en hayırlısı olan Peygamber çağırıyor, dediler.

- O da kim, dedi zenci, ben onu tanımıyorum.

- Hz. Muhammed (s.a.s.), diye cevap verdiler.

Hz. Peygamber'i tanıtmaya çalıştılar. Zenci kendi kendisine:

- Bu galiba bir şair olacak, dedi, halkı sihirle kendisine bağlamış, ona hiç yaklaşmam.

Köle gitmek istemedi, fakat onu zorla çeke çeke sürüklemeye başladılar. Zenci bağırıp çağırıyor, sövüp sayıyordu. Zenciyi getirince Hz. Peygamber (s.a.s.):

- Sudan için, mataralarınızı, kırbalarınızı da doldurun, diye emretti.

O bir tek kırbadan susuzluktan yanan herkes kana kana içti, ayrıca matara ve kırbalarını da doldurdular. Kafile halkı Hz. Peygamber'in mucizesine şaşırıp kaldı. Köleye:

- Ey köle, işte kırban ağzına kadar dolu, şikayet edip durma, dediler. Köle bu mucize karşısında hayrete kapıldı. Suyu da, efendisini de unuttu. Hz. Peygamber:

- Kendine gel, yürü işine git, dedi.

Mübarek eliyle kölenin yüzünü sıvazladı, o zencinin yüzü bembeyaz oldu, ayın on dördü gibi nurlandı. Köle suyla dolu iki kırbasını alıp kervan halkından ayrıldı. Efendi, köleyi uzaktan görüp şaşırdı. Şaşkınlıkla köy halkını çağırdı:

- Bu kırbalar bizim, deve de bizim. Fakat zenci köle ortada yok. Yoksa birisi mi öldürdü. Gelen adam da kim acaba? Köle yanına gelince:

- Şen kimsin, dedi, Yemenli misin, Türk müsün? Doğruyu söyle, köleme ne yaptın? Öldürdüysen açıkça söyle!

- Öldürmüş olsam yanına nasıl gelirim, dedi köle, kendi ayağımla kanımı döktürmeye gelir miyim hiç?

- Peki kölem nerde, doğruyu söyle, yoksa elimden kurtulamazsın.

Bunun üzerine köle:

- Senin kölen benim, dedi, istersen beni satın aldığın zamandan beri olan biteni anlatayım.

Kölenin rengi değişti, ama ruhun rengi yoktur. Yalnız bedeni tanıyanlar, ruh sahibini tanıyamazlar. Adem'i beden olarak gören ona secde etmedi, ruh olarak gören karşısında eğildi.

İ

Konuşan Bebek

Bir köydeki kâfir bir kadın, Hz. Peygamber (s.a.s.)'i sınamak için eşeğiyle beraber yanına geldi. Kucağında iki aylık bir bebek vardı. Bebek dile geldi:

- Ey Allah'ın Resulü, işte sana geldik. Allah sana selam söyledi. Anası kızgınlıkla:

- Sus, dedi, sana bu sözü kim öğretti.

- Önce Allah, sonra Cebrail, diye cevap verdi bebek.

- Cebrail nerde, diye sordu kadın.

- İşte başının üstünde. Kafanı kaldır da bak, görmüyor musun?

- Gerçekten görüyor musun?

- Evet, başının üstünde ayın on dördü gibi duruyor. Bunun üzerine Hz. Peygamber bebeğe dönüp:

- Ey bebek, dedi, adın ne, bunu da söyle, ondan sonra ananın isteğine uy, sus!

- Adım Allah indinde Abdülaziz, fakat bir avuç edepsize göre de Abdülüzza. Fakat ben Uzza'dan beriyim.

Bu sırada çocuğun da, anasının da burnuna Cennet kokuları geliyordu. Her ikisi de yaşarsak kâfir oluruz korkusuyla bunu haber verdiler ve bu kokuyu duya duya can verdiler.

Hz. Peygamber (s.a.s.)'in Pabucundaki Yılan

Hz. Peygamber (s.a.s.) ezan sesini duydu, abdest tazelemek için su istedi. Getirilen soğuk suyla elini yüzünü yıkadı. Ayaklarını da yıkadıktan sonra pabuçlarını giymek üzereyken bir kuş gelip pabucunun tekini kapıp götürdü. Kuş rüzgâr gibi havalandı, pabucu tersine çevirdi. Pabucun içinden bir yılan düştü. Kapkara bir yılandı. Tavşancıl kuşu böylece Hz. Peygamber'i yılandan korumuştu. Kuş bunun ardından pabucu getirip aldığı yere koydu. Sanki:

- Buyur, namaza git, diyordu. Hz. Peygamber (s.a.s.):

- Biz bunu cefa sanıyorduk, halbuki vefanın ta kendisiymiş, dedi.

Bu hikâyeden ibret al da, kötü bir işe düşünce ümitsizliğe düşme, hüsnü zanda bulun. Takdir yüzünden kaybettiğin şeyler muhakkak senden belayı giderir, bunu böyle bil!

Çocukları Yaşamayan Kadın

Her yıl bir çocuk doğuran bir kadın vardı. Çocukları altı aydan fazla yaşamıyorlardı. Üç ya da dört aylıkken ölüp gitmekteydiler. Kadın feryat ederek:

- Ya Rabbi, dedi, bu çocuklar bana dokuz ay yük oluyor, üç ay da ferahlık veriyorlar. Bana verdiğin nimet gökkuşağından bile tez geçip gidiyor.

Kadının bu şekilde tam yirmi çocuğu öldü. Çocuklarının ölümünden duyduğu elemle Allah dostlarına gidiyor, dua istiyordu. Nihayet bir gece rüyasında yemyeşil cenneti gördü. Köşkün birinin üzerinde adının yazılı olduğunu fark etti. Orasının kendisine ait olduğunu sandı. Ona dediler ki:

- Burası, doğruluktan ayrılmayan kişiye aittir. Sana da nasip olması için bir hayli hizmet etmen gerek. Fakat sen Allah'a sığınmada tembellik ediyorsun, Allah da buna karşılık sana o musibetleri veriyor.

Bunun üzerine kadın:

- Ya Rabbi, diye niyaz etti, istersen yüzyıl çocuklarımı öldür, razıyım.

Köşkün bahçesine yavaş yavaş girince bütün çocuklarını orada gördü.

- Ya Rabbi, dedi, ben çocukları kaybettim, fakat sen kaybetmemişsin!

İ

Hz. Hamza'nın Zırhsız Savaşması

Hz. Peygamber (s.a.s.)'in amcası Hamza (r.a.), gençlik çağında savaşlara daima zırh giyerek girerdi. Vefatına yakın zamanlarda ise zırh giymemeye, savaşlara göğsü bağrı açık girmeye başladı. Halk ona:

- Ey Peygamber'in amcası, diyorlardı, Allah'ın "Nefislerinizi kendi ellerinizle tehlikeye atmayın!" buyruğunu okumadın mı? Neden kendini savaş sırasında böyle tehlikeye atıyorsun? Genç ve kuvvetliyken zırh giyerdin, şimdi yaşlandın, zayıfladın, öyle olduğu halde hiçbir şeye aldırış etmiyorsun.

Hz. Hamza onlara:

- Gençken ölümü bu dünyaya veda etme ve tehlike olarak görürdüm, dedi. Kim ölüme isteyerek gider?! Ölüm kimin nazarında tehlikeyse, "Tehlikeye atılmayın!" emri de onadır. Fakat birisinin nazarında ölüm ebedlik kapısına açılış olursa ona, "Haydi, çabuk olun!" hitabı gelir.

İ

Bilal-i Habeşî (r.a.)'ın Ölümü

Bilal-i Habeşî (r.a.) zayıflıktan incelmiş, yüzüne ölümün gölgesi düşmüştü. Karısı ona bakıp:

- Ah bu ne elem, bu ne keder, diyordu. Bilal (r.a.) ise:

- Şimdiye kadar hayattan elem duyuyordum, dedi, ölümün nasıl bir zevk olduğunu sen nerden bileceksin?!

Sözlerinin doğruluğuna yüzünün parlaklığı, gözlerinin nuru şehadet ediyordu.

- Ah ayrılık, dedi karısı.

- Hayır, vuslat, kavuşma, diye cevap verdi Bilal (r.a.)

- Yakınlarından ayrılıyorsun, diye sözlerini sürdürdü karısı.

- Hayır, dedi Bilal (r.a.), gurbetten vatanıma dönüyorum.

- Senin yüzünü artık nerede göreceğiz, diye yakındı karısı.

- Allah dostlarının halkasında diye cevap verdi Bilal (r.a.)

- Yazık, bu ev yıkıldı artık, dedi hanımı.

- Allah, daha mamur hale getirmek için yıkıyor, diye cevap verdi o büyük sahabi.

İ

Buharalı Köle

Buhara'da Sadr-ı Cihan'ın kölesi bir ithama maruz kaldı, mevkiinden düştü ve kaçmaya mecbur oldu. Tam on yıl Horasan, Kuhistan ve Deşt'te başıboş bir halde gezdi, dolaştı. On yıl sonra hasret galip geldi, sabrı tükendi. Sadr-ı Cihan'dan ayrılığa tahammülü kalmadı, Buhara'ya dönmeye karar verdi. Bir dostu ona şöyle dedi:

- Ey gafil, aklın varsa işin sonunu düşün. Kelebek gibi kendini ateşe atma. Delicesine Buhara'ya gidersen zincire vurulmaya, zindana atılmaya layıksın demektir. Sadr-ı Cihan sana kızgın, dişlerini gıcırdatıyor, seni yirmi gözle bekliyor. Senin için bıçak bileyip duruyor. Allah sana bir fırsat verdi, kurtuldun, şimdi de zindana mı gidiyorsun?

- Ey nasihatçi, dedi köle, sus. Vazgeç bu öğütten. Beni ölümle korkutma, ben kendi kanıma susamış biriyim zaten.

Köle hasretle Buhara'ya doğru yola koyuldu, iştiyakından çölün kumları ona ipek gibi, gül bahçesi gibi geliyordu. Uzaktan Buhara'yı görünce yere yığıldı, uzun bir süre kendinden geçti. Sonra kalkıp sevinç içinde Buhara'ya girdi. Onu Buhara'da her gören:

- Burada durma, diyordu, hemen bir tarafa kaç. Padişah gazap etmiş, tam on yıllık öcünü almak için seni arayıp duruyor. Sadr-ı Cihan'a ihanet ettin, cezasından da kaçtın. Kurtulduğun halde şimdi nasıl oldu da geldin? Beladan kurtulmuştun, seni buraya aptallığın mı getirdi, yoksa ecelin mi?

- Ben susuzluk hastalığına tutulmuş biriyim, dedi köle, suyun beni öldüreceğini de biliyorum. Ama bu hastalığa tutulan sudan kaçamaz ki. Hileye saptığım, Sadr-ı Cihan'ın yapmak istediği şeye mani olduğum, hışmından kaçtığım için pişmanım. Özür dilemek için kendimi feda ediyorum.

Öte yandan Sadr-ı Cihan da kölenin gelmesini ister haldeydi. Fakat onu çağırmayı gururuna yediremiyordu. Merhamete gelmişti, fakat saltanat bu lütfa mani oluyordu.

Köle, yerlere sürünüp ağlayarak Sadr-ı Cihan'ın bulunduğu yere gitti. Ahı göklere yükseliyordu. Herkes, onu yakılacak mı, asılacak mı diye merak içinde bekliyordu. Fakat Sadr-ı Cihan'ın gönlüne merhamet gelmişti, içinde affetme denizi dalgalanmaya başladı. Sadr-ı Cihan'ı gören kölenin beti benzi sararmış, yere yığılıvermişti. Yüzüne gül suları serptiler, yanında buhurlar yaktılar, fakat nafile. Sesi soluğu çıkmıyordu. Sadr-ı Cihan, onun safran gibi sararmış yüzünü görünce atından inip yanına gitti. Kölenin kulağına eğilip:

- Ey yoksul, dedi, eteğini aç, altın saçmaya geldim.

Sonra kölenin elini tuttu, köle yavaş yavaş kendine gelmeye başladı.

- Ey cihan padişahı, dedi, senin hizmetinden ayrıldıktan sonra nelere uğradım bir bilsen. Söylemekle ağlamak arasında müteredditim. Söylesem ağlayamam, ağlasam söyleyemem.

Köle bunları söyleyip ağlamaya başladı. Onu görenler de ağlamaya başladılar. Ağlama ve hıçkırık seslerini duyan Buharalılar oraya toplandılar. Herkes köleyle beraber ağlıyordu.

Doğru sözlü, doğru özlü aşıka yol gösteren aşktır. Hakikat Şarabını aşk kaynatır, coşturur. Aşkı örtmek, ateşi yün ve pamuk içinde gizlemeye benzer, ne kadar örtsen meydana çıkar.

İ

Öldüren Mescid

Rey şehri kenarında bir mescit vardı. Orada yatıp geceleyen herkes korkudan ödü patlayarak ölmüştü. Orada geceleyen nice aç, çıplak ve garip, sabahleyin mezara gitmişlerdi. Kimisi şöyle diyordu:

- Orada kuvvetli cinler var, kim konaklarsa öldürüyorlar. Bazıları da mescitte sihir olduğunu söylüyorlardı. Bazı kimseler de kapısına:

- Ey konuk, burada kalma, diye yazmışlardı. Canına kastın yoksa burada geceleme, burada yatıp uyuma.

Birçokları da geceleyin mescidin kapısının kilitlenmesini, böylece içeriye kimsenin sokulmamasını istiyordu.

Bir gece geç vakit mescide bir konuk geldi. Mescidin o kötü ününü duymuş, bir tecrübe etmek istemişti. Çünkü hem yiğit ve korkusuzdu, hem de canından bezmişti. Halk:

- Sakın burada geceleme, diye öğüt verdi, yoksa canın elden gider. Sen yabancısın, bilmezsin, burada kim yatıp uyuduysa mahvoldu. Bu bir tesadüf değil, hepimizin bildiği sınanmış bir gerçek. Burada ölenleri gördük, birisinden duyup da rivayet ediyor değiliz. Biz sana dostça nasihat ediyoruz.

- Ey öğüt verenler, dedi genç, ben yaptığımdan pişman değilim. Hayata doydum, ölümünü arayan bir tembelim ben. Kuşa kafesten uçmak nasıl hoş, nasıl tatlı geliyorsa, bana da ölmek, bu yurttan göçmek öyle tatlı geliyor.

- Kahramanlık taslama, diye karşılık verdiler gence, yürü git, bu sevdadan vazgeç de elbisen de, bedenin de bu mescitte rehin kalmasın. Nice kişiler vardır ki kasılır, böbürlenir, ama elem ve ıstırap zamanında tutunacak dal arar. Bizi töhmet altında bırakma. Sonra yarın biri çıkar, "Onu zalimin biri boğdu, mescidi de bahane etti" diyebilir. Kendini de vebale sokma, bizi de.

- Dostlar, dedi genç, ben Hz. İsmail'e mensup olanlardanım, öldürülmemden çekinmem. Bu mescit bana Kerbela olsa gene aldırış etmem.

Genç, bütün öğütlere rağmen mescitte kaldı. Yanını yere koyup uyudu. Gece yarısı korkunç bir ses duydu:

- Ey fayda arayan, geleyim mi, geleyim mi?

Bu şiddetli ses tam beş kere tekrarlandı. Duyanların korkudan ödü patlıyor, paramparça oluyordu. Genç konuk, sesi duyunca hiç aldırış etmedi. Sonra yerinden fırlayıp bağırdı:

- İşte buradayım, ersen gel!

Bunun üzerine mescitteki tılsım bozuldu, her taraftan altın dökülmeye başladı. O kadar çok altın döküldü ki, genç, onlardan kapının açılmayacağından korktu. Ondan sonra kalktı, seher çağına kadar o altınları dışarı taşımak için uğraştı. Götürdüğü altınları gömmekte, sonra yine gelip kalanları dışarıya taşımaktaydı.

Sen bunu, altına tapanlar gibi zahir altın sanma, bu, üzerine Allah'ın adı basılmış hakiki altındır. Bu dünyadan vazgeç de, o alana ulaş.

İ

Şeytan'ın Savaştan Kaçması

Şeytan, Kureyş kabilesini Hz. Peygamber (s.a.s.)'e karşı savaşması için kışkırtmıştı. Süraka suretinde ordu içine girmiş, aralarında yer almıştı. Fakat iki ordu karşı karşıya gelince müminlerin saflarında melek askerlerini gördü, korkuya kapıldı. Ayağını gerisin geriye atmaya başladı.

- Ben sizin görmediğiniz pek kalabalık bir ordu görüyorum, dedi. Allah'tan korkarım ben, çekilin gidin.

Haris ona şöyle dedi:

- Ey Süraka, dün böyle söylemiyordun, bugün ne oldu?

- Şimdi savaşın başlamakta olduğunu görüyorum, dedi Şeytan.

- Sen ancak Arapların hor ve hakir bir topluluğunu görüyorsun. Dün laf zamanıydı, şimdi savaş zamanı. Dün ordu komutanı kesilmiştin, şimdi korkaklaştın. Buraya gelmemiz için bizi teşvik etmiyor muydun ey melun?!

Bunları duyan Şeytan kızdı, hiddetlendi. Elini Haris'in elinden çekti, Haris'in göğsüne bir yumruk vurup yere yıktı, sonra da göğsünü döverek kaçıp gitti.

Nefisle Şeytan, ikisi birdir, fakat surette kendisini iki göstermiştir, içinde böyle bir düşmanın var.

Kuşları Kovalayan Çocuk

Çocuğun biri ekin bekçiliği yapar ve yanındaki defi çalarak kuşları kaçırırdı. Kuşlar o küçücük defin gürültüsünden ürküp tarladan kaçar, böylece ekinler de kurtulmuş olurdu.

Bir gün Sultan Mahmud'un yolu o taraflara uğradı. Koca otağını tarlanın yakınlarında bir yere kurdular. Yanında sayısız askerden oluşan bir ordu vardı. Ordunun önünde, sırtına nöbet davulu yüklenmiş bir deve gidiyordu.

O deve tarlaya giriverdi. Çocuk, ekinleri korumak için o küçücük defi çalmaya başladı. Olgun bir kişi çocuğa şöyle dedi:

- Def çalıp durma! O deve zaten davul taşıyor, o sese alışmış. Senin bu defin ona vız gelir. Sırtındaki nöbet davulu bu defin yirmi katı.

Canı bela davulunun nöbet vurulduğu yer olan kişiler küçücük tehditlerden çekinmezler.

Hz. Peygamber (s.a.s.) ve Esirler

Hz. Peygamber (s.a.s.) zincire vurulmuş bir grup esir gördü. Onları çekip götürüyorlar, hepsi de feryad ü figan ediyordu. Hz. Peygamber (s.a.s.) onlara bakıp güldü. Esirlerin her biri öfkesinden ona diş gıcırdatmakta, dudaklarını çiğnemekteydi. Fakat ağızlarını açıp konuşmaya kudretleri yoktu. Esirlerden biri şöyle dedi:

- Hani onun ahlâkı güzeldi? Niçin bizim böyle zincirlere vurulmuş olmamıza güldü? Neden düşmanlarının kahroluşundan neşeleniyor, zaferinden dolayı gururlanıyor? Demek ki o da dünyaperest! Yoksa iyiye de, kötüye de merhamet ederdi.

Esirler aralarında bunları konuşmaya başladılar. Sözleri duyulmasın diye de aralarında fısıldaşıyorlardı. Esirlerin başındaki görevliler onların konuşmalarını duymadılar, fakat Hz. Peygamber bundan haberdar oldu. Dedi ki:

- O gülüş, savaşta galip geldim diye değil. Sizi zincirlere vurdum diye de gülmüyorum. Sizi zincirlerle, bukağılarla cehennemden çekip cennete doğru sürüklüyorum diye gülüyorum.

Velilerden başka herkes Allah'ın kapısına korku ve bela zinciriyle getirilir.

Hz. Süleyman ve Sivrisinek

Bir sivrisinek, yaşadığı sulak ve çimenlik yeri terk edip Süleyman (a.s.)'ın huzuruna çıktı.

- Ey Süleyman, dedi, cihana adaleti yerleştirdin, adaletinden mahrum kalan kimse yok. Bize de insaf et, hakkımızı al. Biz zayıflıkla, sen kudretinle tanınmışsın. Lütf edip bizi de gamdan kurtar.

- Ey hak isteyen, dedi Hz. Süleyman, kimden şikayetçisin, söyle! Sana zulmeden zalim kim? Allah bize padişahlığı halk göklere el açıp ağlamasın diye verdi. Kimse perişan olmasın diye saltanat ihsan etti.

- Benim feryadım rüzgârın elinden, dedi sivrisinek, onun zulmünden kan kusuyoruz.

- Ey sivrisinek, dedi Hz. Süleyman, Allah bana, hasmı da hazır olmadıkça kimsenin şikayetini dinlememeyi emretti, iki taraf da hazır olmazsa hakim kimin haklı olduğunu anlayamaz. Hadi git, hasmını al, öyle gel!

- Ey padişah, sözün doğru, fakat düşmanım rüzgâr da senin emrinde.

Bunun üzerine Hz. Süleyman:

- Ey rüzgâr, dedi, sivrisinek zulmünden şikayetçi, gel de ona cevap ver.

Rüzgâr bu emri alınca çabucak esip geldi. Fakat onu gören sivrisinek hemen kaçmaya yüz tuttu.

- Ey sivrisinek, dedi Hz. Süleyman, nereye gidiyorsun, dur da aranızda hüküm vereyim.

- Padişahım, dedi sivrisinek, benim ölümüm onun varlığından. O gelince ben nasıl durabilirim?!

Allah'ın kapısını arayan da onu buldu mu yok olur. Nur arayan gölgeler, nur zuhur etti mi kaybolur.

i

Buharalı Gencin Aşkı

Buharalı bir delikanlı kızın birine delicesine aşık olmuştu. Onu kazara bir kez görmüş, ilk görüşte ona vurulmuş, gönül vermişti. Fakat kavuşma zamanı bir türlü gelmiyordu. Kıza birisini yollasa, gönderdiği kişi hasedinden o zavallının işini bozardı. Bir mektup yazıp yollasa, okuyan kelimeleri değiştirirdi. Ne kadar çalışıp çabaladıysa sonuç alamamış, kız bir türlü yüz vermemişti. Ne yalvarmanın faydası olmuştu, ne hediye vermenin. Tam sekiz yıl bu şekilde sevdiği kızı aradı, yanıp yakıldı.

Arayan sonunda bulur demişlerdir. Sonunda bir gece, bekçinin korkusundan kaçıp bir bağa girdi. Ne görsün, sevdiği kız orada değil mi! Allah hamd ederek:

- Ya Rabb", dedi, sen o bekçiye rahmet et! Hiçbir şeyi hor görmeyeyim diye bunu şu işe sebep ettin.

Kız bağdan geçen ırmağa yüzüğünü düşürmüş, onu aramak için elinde bir fenerle oraya gelmişti. Delikanlı onu yalnız görünce hemen kucaklamaya, öpmeye kalkıştı.

- Edepsizlik etme, aklını başına al, diye bağırdı kız.

- Burada hiç kimse yok, dedi genç, açılıp saçılmamıza kim mani olacak?! Rüzgârdan başka kımıldayan bir şey yok burada.

- Meğer sen ahmakmışsın, dedi kız, rüzgârı esiyor gördün mü bil ki onu bir estiren vardır.

- Edebe riayet bakımından aptal olsam da vefada, istekte akıllıyım, anlayışlıyım, diye cevap verdi genç.

- Eğer şu görünen hareketin akıllılıksa gerisini sen tahmin et, dedi kız, bu testiden şimdi ne sızdıysa bundan sonra da o sızacak demektir. Sekiz yıldır sende hiçbir olgunlaşma olmamış.

Aşık genç bunun üzerine hileye saptı:

- Kusuruma bakma, dedi, bana uyacak mısın, yoksa namuslu musun diye anlamak için seni sınadım. Senin namuslu olduğunu zaten biliyordum ama gözle görmek daha inandırıcı.

Genç kız, delikanlının hilesini anlamıştı:

- Gönlündeki hilelerin hepsini anlıyorum. Sen nerde, beni sınamak nerde!

Kâfirler kendi kusurlarını görmediler de peygamberleri sınamaya kalkıştılar. Hz. Ebubekir gibi sıddıklar ise mucize istemediler.

Hz. Ömer (r.a.) ve Hırsız

Hz. Ömer (r.a.) halifeliği zamanında bir hırsızı cellada teslim etmişti. Hırsız;

- Ey Müminlerin Emiri, dedi, beni cezalandırma, bu ilk suçum.

- Haşa, dedi Hz. Ömer, Allah ilk suçta hemen gazaba gelip ceza vermez. Lütfu anlaşılsın diye defalarca örter de günahta ısrar edilince adaletini göstermek için ceza verir. Böylece lütfunun müjdeci, kahrının korkutucu olmasını diler. Eğer bu ilk suçun olsaydı yakalanmazdın.

Vaizin Duası

Bir vaiz vardı, minbere çıktımı kötülere dua etmeye başlardı.

- Ya Rabb, derdi, kötülere, fesatçılara, isyankâr ve günahkârlara merhamet et. Müminlerle alay edenlerin hepsine, kâfir gönüllülere, kiliselerde bulunanlara acı.

Buna karşılık iyilere hiç dua etmez, kötülerden başkasının adını anmazdı.

Ona şöyle dediler:

- Sapıklara dua etmek yakışıksız bir şey, hiç böyle şey görüp duymadık.

Vaiz onlara şöyle cevap verdi:

- Ben onlardan iyilik gördüm, bu yüzden onlara dua ediyorum. O kadar kötülükte bulundular, zulüm ve cefa ettiler ki, nihayet beni şerden kurtarıp hayra eriştirdiler. Ne vakit dünyaya yöneldimse onlardan eziyet gördüm, bu yüzden de iyilik tarafına kaçtım. Benim iyiliğime sebep oldular. Bu yüzden onlara dua ediyorum.

Hakikatte her düşman senin ilacındır, çünkü ondan kaçar, halvet bucaklarına sığınır, Allah'tan yardım istersin. Dostlarınsa seni Allah'ın kapısından uzaklaştırır, seni meşgul ederler.

Mevlana'nın Yedi Öğüdü

- *Cömertlik ve yardım etmede akarsu gibi ol*
- *Şevkat ve merhamette güneş gibi ol*
- *Başkalarının kusurunu örtmede gece gibi ol*
- *Hiddet ve asabiyette ölü gibi ol*
- *Tevazu ve alçak gönüllülükte toprak gibi ol*
- *Hoşgörülülükte deniz gibi ol*
- *Ya olduğun gibi görün, ya göründüğün gibi ol*

Farklı, sıradışı kitaplar için...

Akis Kitap - www.akiskitap.com -

bir dergi okuyun hayatınız değişsin

HERKESE BEDAVA BEDEN DİLİ e-KİTABI

Vücut Dili
Kişisel İmaj
NLP ve Hipnoz
Başarı Taktikleri
Liderlik Stratejileri
Yabancı Dil Öğrenme
İş Hayatında Başarı

www.gencgelisim.com

bilgi için: 0212 445 00 45

Gazete bayileri, alışveriş merkezleri, marketler ve tüm seçkin kitapçılarda